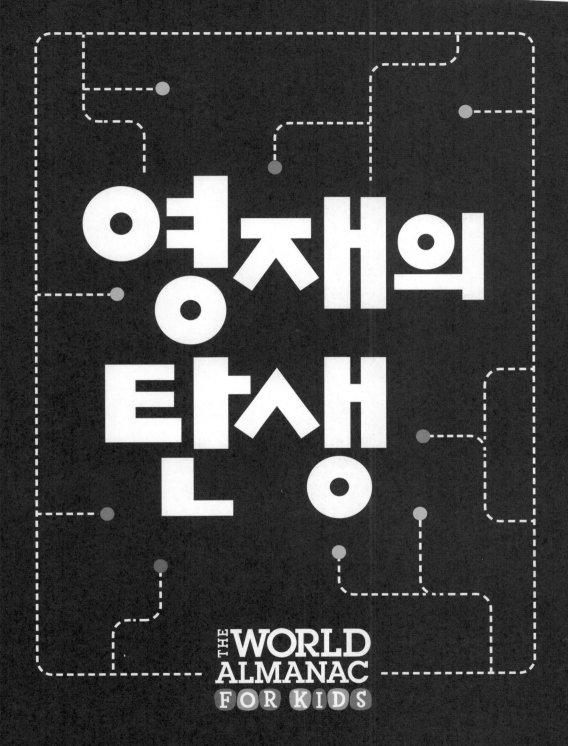

영재의 탄생

THE WORLD ALMANAC
FOR KIDS

삼성출판사
samsungbooks.com

미국식 창의 영재 훈련법

1. 두툼한 학습지 한 권으로 단번에 끝장내요.

한 권 안에 아홉 가지 학습 영역이 고루 들어 있어 다양한 학습이 가능해요.
하루 한 장! 부담 없이 풀고 싶은 문제를 풀며 성취감을 느껴 보세요.

2. 200문제 하나하나를 놀이하듯 재미있게 풀며 두뇌 훈련을 해요.

200문제가 모두 다르고 새로워서 매일매일 문제를 푸는 것이 즐거워요.
도넛으로 덧셈도 하고, 호기심을 자극하는 수수께끼도 풀면서 창의력을 키워요.

3. 다양한 영역별 학습으로 만 5세에 꼭 필요한 내용을 짚어 줘요.

창의력 향상과 두뇌 계발을 돕는 '창의', 'IQ', 학습의 기본을 다지는 '언어', '수학' 영역부터
'바다', '공룡', '사회성' 등 흥미로운 영역까지 다양한 분야를 고루 다뤄요.

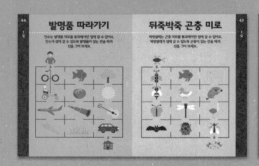

4. 제목만 읽어도 문제의 유형과 답을 쉽게 파악할 수 있어요.

각 문제의 제목은 문제 유형과 답을 찾는 방법을 정확하게 제시하고 있어요.
문제를 읽고 직관적으로 답하는 과정을 통해 사고력을 발달시켜 보세요.

만 5세 학습 미리 보기

	학습 목표	활동 내용
창의	낱말 수수께끼, 퍼즐 조각 맞추기, 색이나 모양과 관련한 여러 가지 문제를 풀어요.	● 묘사에 알맞은 그림 찾기 ● 선, 도형으로 모양 만들기 ● 사라진 퍼즐 조각 맞추기 ● 그림자 보고 물건 맞히기
IQ	길이와 무게를 비교하는 연습을 하고, 공간을 나타내는 말, 요일 개념 등을 배워요.	● 무게, 길이, 양 비교하기 ● 공간을 나타내는 말 배우기 ● 요일 익히기 ● 투표 결과 파악하기
언어	받침 공부를 통해 한글의 기초를 다지고, 다양한 종류의 낱말을 배우며 어휘력을 늘려요.	● 받침이 있는 글자 배우기 ● 여러 가지 의성어, 의태어 알기 ● 새로운 낱말의 생성 과정 알기 ● 각종 사물의 이름 쓰고 익히기
수학	20부터 50까지 큰 수를 배우고, 덧셈과 뺄셈, 모으기와 나누기 등의 간단한 계산을 익혀요.	● 20부터 50까지 수 세고 쓰기 ● 덧셈과 뺄셈 익히기 ● 수의 순서 배우기 ● 시계 읽기
과학	우리 신체 부위의 이름을 배우고, 다양한 생물과 날씨에 대해 공부해요.	● 신체 부위 이름 배우기 ● 다양한 생물의 생애와 특징 배우기 ● 날씨와 온도 파악하기 ● 고체, 액체, 기체 구분하기
바다	다양한 바다 생물의 이름과 특징에 대해 알고, 바닷속 지형을 탐구해 봐요.	● 바다 생물 특징과 성장 과정 배우기 ● 바다 생물 부위별 명칭 알기 ● 바닷속 지형 공부 ● 바다 생물 수수께끼 풀기
공룡	다양한 공룡의 이름과 특징을 배우고, 여러 가지 기준으로 분류해요.	● 공룡의 이름과 특징 배우기 ● 공룡 이름의 뜻 유추하기 ● 육식 공룡과 초식 공룡 구분하기 ● 고대 동물이 사는 곳 찾기
탈것	각종 탈것의 역할과 동력 등에 대해 알아보고, 교통 안전 수칙을 배워요.	● 장소, 용도에 따라 탈것 분류하기 ● 교통안전 표지판 배우기 ● 교통안전 수칙 배우기 ● 탈것의 속도 비교하기
사회성	내 물건의 이름과 분류하는 법을 배우고, 감정을 표현하는 말, 바른 습관을 익혀요.	● 시간표와 일정 정리하기 ● 감정을 표현하는 말 배우기 ● 내 물건 분류하기 ● 바른 습관 익히기

▲■ 목차

→ 창의 ←

우주와 관련한 낱말

우주에는 수많은 별과 신기한 것이 가득해요.
각 그림에 알맞은 낱말을 찾아 선으로 이어 보세요.

달

해

별

지구

로켓

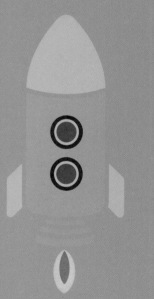

우주 비행사

사막 생물 찾기

뜨거운 사막에는 다양한 생물이 살고 있어요.
다음 중 사막에서 볼 수 있는 생물을 모두 찾아 ◯ 하세요.

그림자 맞추기

왼쪽 그림과 똑같은 모양의 그림자를 찾아 선으로 이어 보세요.

그림자 주인 찾기

물건들의 그림자가 뒤죽박죽 겹쳐 있어요.
아래에서 그림자에 알맞은 사물을 모두 찾아 ◯ 하세요.

노란 과일 찾기

연못을 건너려면 노란 과일의 이름이 적힌 노를 사용해야 해요.
아래에서 알맞은 노를 골라 ◯ 하세요.

사과   포도   딸기

수박   체리   멜론

레몬   참외   바나나

감   파인애플   키위

몸 색깔 숨기기

몸 색깔이 주변 환경 색깔과 비슷하면 위험할 때 숨기 좋아요.
하얀 눈밭이나 얼음에서 숨기 좋은 동물을 모두 찾아 ◯ 하세요.

표범

북극곰

북극여우

박쥐

쌍둥이 무당벌레

다음 중 똑같이 생긴 무당벌레 2마리를 찾아 ◯ 하세요.

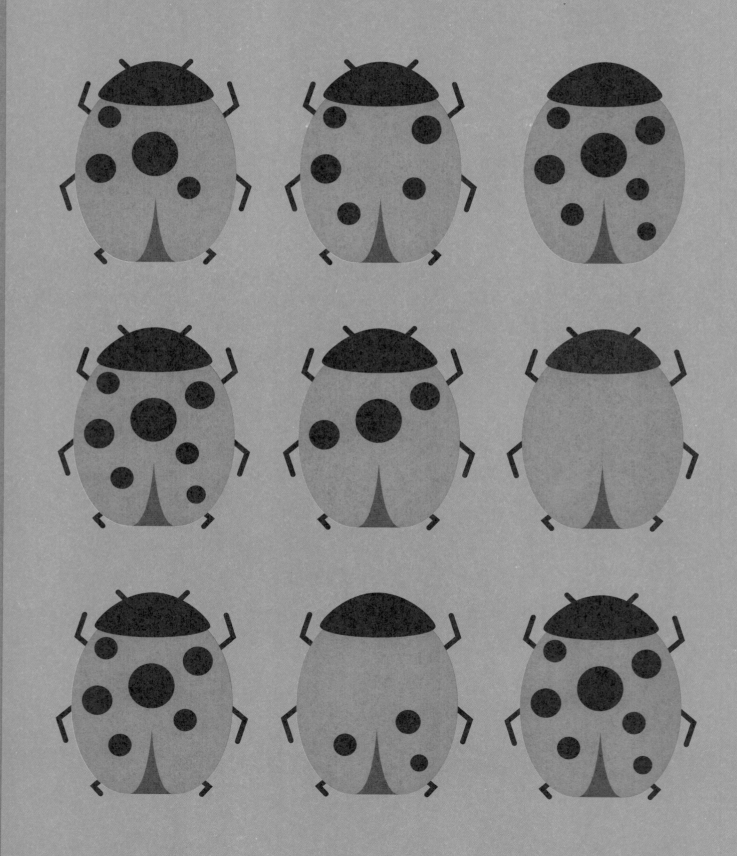

그림과 문장 연결하기

그림을 알맞게 표현한 문장을 찾아 선으로 이어 보세요.

고양이가 모자 안에서 자고 있어요.

고양이가 모자를 쓰고 있어요.

화석을 찾아요

박사님이 공룡 화석을 잃어버렸어요.
거대한 공룡 발자국을 따라 이동하면 화석을 찾을 수 있어요.
박사님이 가는 길을 따라 선을 그어 보세요.

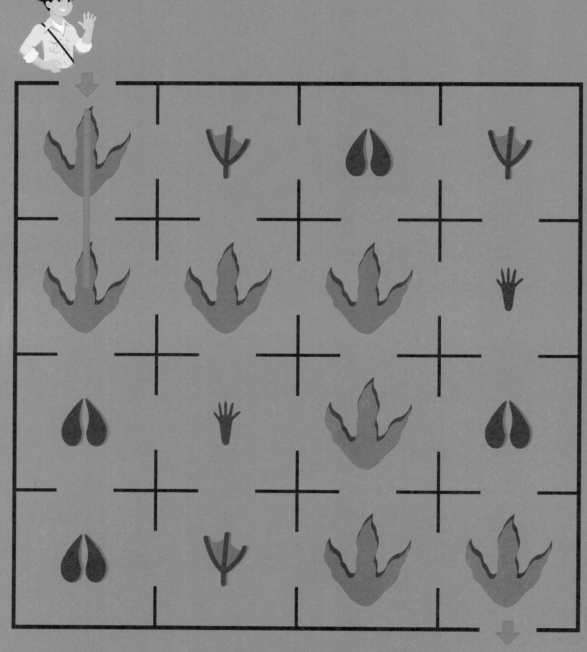

공룡 가족 발자국

공룡 가족이 지나간 길에 발자국이 남았어요.
새끼 공룡은 어른 공룡의 보호를 받으며 가운데에서 걸어요.
다음 중 공룡 가족이 지나간 길을 찾아 빈칸에 ✓ 하세요.

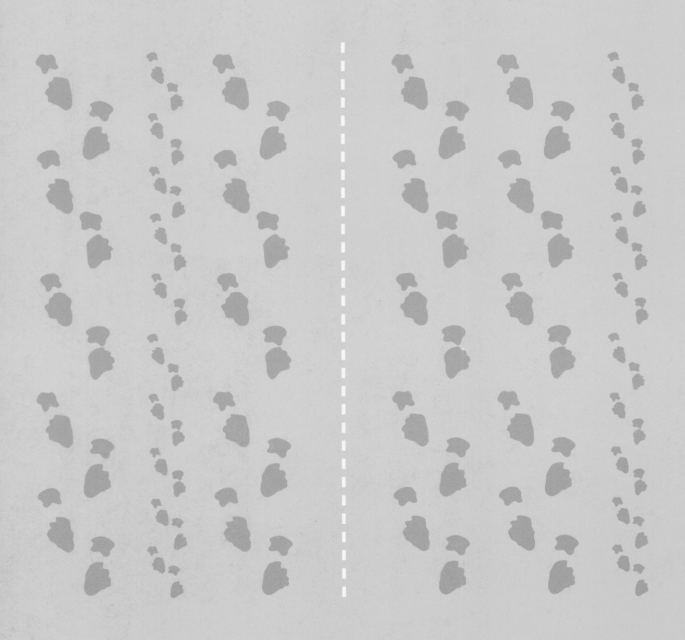

화석 주인 찾기

동물 몸의 일부는 화석으로 오래오래 남기도 해요.
다음의 화석이 나타내는 공룡을 아래에서 찾아 ◯ 하세요.

엄마를 찾아 주세요

아기 동물들이 엄마와 떨어져 있어요.
왼쪽 그림을 보고 알맞은 엄마를 찾아 선으로 이어 보세요.

탈것 완성하기

다음의 그림은 어떤 탈것의 조각들이에요.
조각들을 맞추어 빈칸에 탈것을 완성해 그려 보세요.

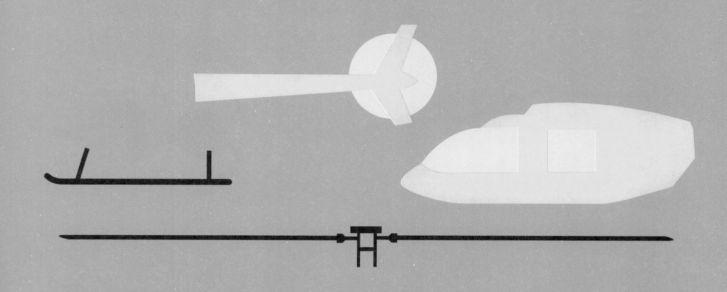

완성한 탈것의 이름을 찾아 ⭕ 하세요.

배   헬리콥터   비행기   로켓

물로 이루어진 곳

우리가 사는 지구는 물로 이루어진 곳이 아주 많아요.
다음 중 물로 이루어진 곳이 아닌 것을 찾아 ◯ 하세요.

폭포 　　　　　 바다

섬

호수 　　　　　 연못

잃어버린 조각 찾기 1

퍼즐 조각들이 사라졌어요.
다음 그림에서 잃어버린 조각들을 찾아 선으로 이어 보세요.

잃어버린 조각 찾기 2

퍼즐 조각들이 사라졌어요.
다음 그림에서 잃어버린 조각들을 찾아 선으로 이어 보세요.

나는 무엇일까요?

다음 수수께끼를 풀고 알맞은 그림에 ⭕ 하세요.

나는 음식이 아니에요.
나는 발에 신는 것이에요.
나만 신고 밖으로 나갈 수는 없어요.

나는 무엇일까요?

빈칸 수수께끼

다음 수수께끼를 풀고 아래에서 알맞은 낱말을 찾아 빈칸에 써 보세요.

나는 노란색이에요.
나는 원숭이가 좋아하는 과일이에요.

나는 ⬜⬜⬜ 입니다.

나는 바다에서 살아요.
나는 다리가 10개나 돼요.

나는 ⬜⬜⬜ 입니다.

나는 겨울에 쓰는 물건이에요.
나는 손을 따뜻하게 해 줘요.

나는 ⬜⬜⬜ 입니다.

오징어   장갑   바나나

선으로 모양 그리기

점과 점을 연결해 여러 가지 모양을 그려요.
왼쪽 그림을 보고 오른쪽에 똑같이 따라 그려 보세요.

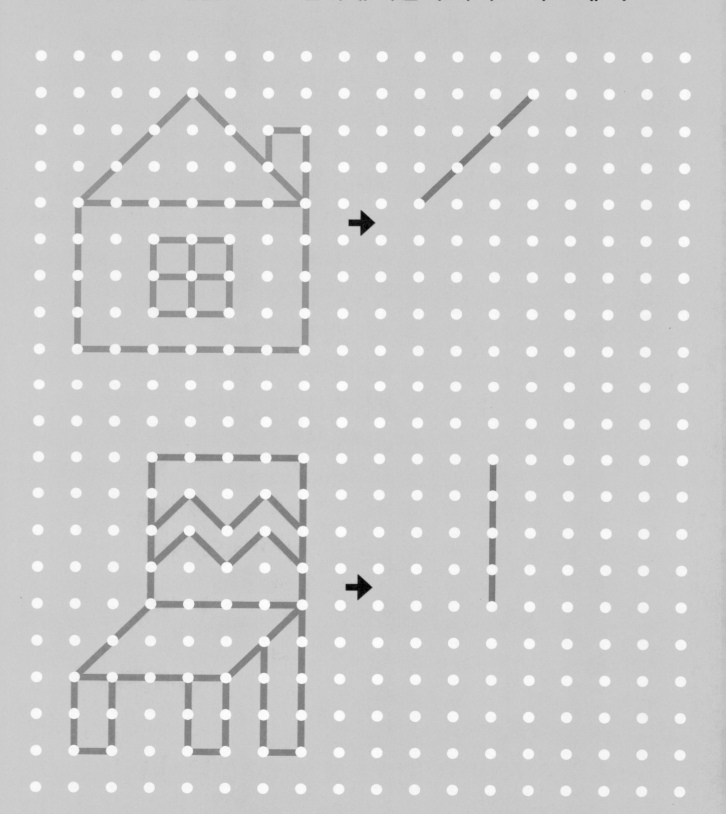

블록으로 모양 만들기

왼쪽의 블록으로 만들 수 있는 알맞은 모양을 찾아
선으로 이어 보세요.

낱말 수수께끼 1

다음 수수께끼를 풀고 아래에서 알맞은 답을 찾아 빈칸에 써 보세요.

나는 다리가 없고
땅 위를 기어 다니는
동물이에요.

나는 물고기,
고래, 해파리가 사는
곳이에요.

나를 타면
먼 거리를 아주 빠르게
갈 수 있어요.

나는 눈에
보이지 않지만 내가 불면
참 시원해요.

바람 바다 비행기 뱀

낱말 수수께끼 2

다음 수수께끼를 풀고 아래에서 알맞은 답을 찾아 빈칸에 써 보세요.

이것은 다리가 8개 달린
바다 동물이에요.
상어의 '어'로 끝나요.

이것은 꽥꽥 소리를
내는 새예요.
도토리의 '리'로 끝나요.

이것은 비가 오는 날
밖에서 쓰는 것이에요.
화산의 '산'으로 끝나요.

이것은 모든 사람이
갖고 있어요.
구름의 '름'으로 끝나요.

오리   우산   이름   문어

현악기를 찾아요

줄의 떨림을 이용해 소리를 내는 악기를 현악기라고 해요.
다음 중 현악기를 모두 찾아 ◯ 하세요.

→ IQ ←

무게가 달라요

몸집이 클수록 무게도 많이 나가요.
무게가 가벼운 동물 순서대로 1부터 5까지
빈칸에 숫자를 써 보세요.

누가 더 무거울까요?

톤은 아주 무거운 무게를 나타내는 낱말이에요.
공룡은 몸집이 커서 무게도 많이 나가요.
각 공룡에 알맞은 무게를 찾아 선으로 이어 보세요.

브라키오사우루스

·   · 6톤

티라노사우루스

·   · 10톤

트리케라톱스

·   · 80톤

신발로 길이 재기

승우는 신발로 물건의 길이 재는 것을 좋아해요.
승우의 테니스 라켓은 신발 4개만큼의 길이예요.

아래 그림을 보고 빈칸에 알맞은 숫자를 써 보세요.

승우의 기타는 신발 개만큼의 길이예요.

승우의 트럼펫은 신발 개만큼의 길이예요.

클립으로 길이 재기

영신이는 클립으로 물건의 길이 재는 것을 좋아해요.
영신이의 장난감 소방차는 클립 3개만큼의 길이예요.

아래 그림을 보고 빈칸에 알맞은 숫자를 써 보세요.

영신이의 장난감 버스는 클립 ☐ 개만큼의 길이예요.

영신이의 장난감 자동차는 클립 ☐ 개만큼의 길이예요.

공룡 키 재기

공룡은 다른 동물들에 비해 키가 무척 커요.
왼쪽 막대를 이용해 각 공룡의 키를 재 보고 빈칸에 써 보세요.

힌트 : 빨간 막대 1개의 높이는 3미터를 나타내요.

아나토티탄   브라키오사우루스   티라노사우루스

☐ 미터   ☐ 미터   ☐ 미터

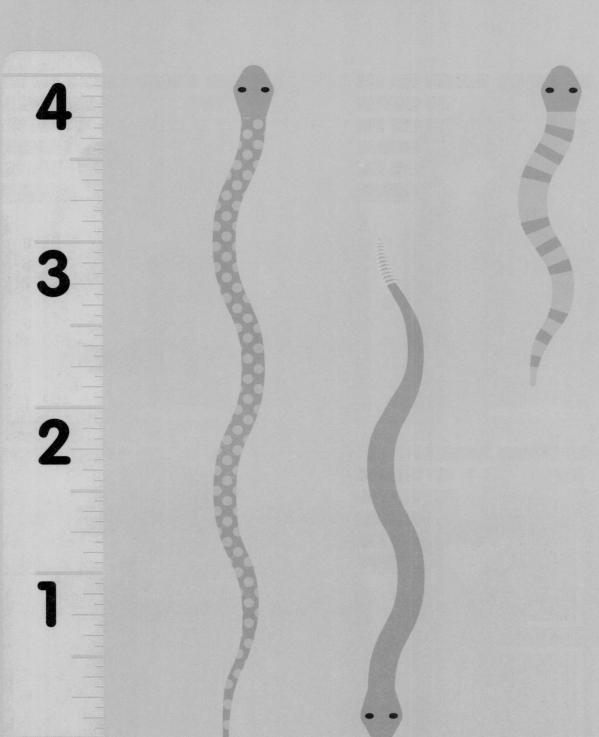

뱀 길이 재기

몸의 길이가 3센티미터인 뱀을 찾아 ○ 하세요.
몸의 길이가 4센티미터인 뱀을 찾아 ✕ 하세요.

비의 양 재기

지난 4일간 내린 비의 양을 재려고 해요.
비가 가장 적게 내린 마을의 친구에게 ◯,
비가 가장 많이 내린 마을의 친구에게 ✕ 하세요.

눈의 양 재기

어젯밤에는 펑펑 눈이 내렸어요.
아래 그림을 보고 몇 개의 블록만큼 눈이 쌓였는지
빈칸에 알맞은 숫자를 써 보세요.

개 　 개 　 개

바다가 넓을까요 육지가 넓을까요?

하늘에서 우리가 살고 있는 지구를 내려다봤어요.
아래 그림을 잘 살펴보고
육지가 더 넓은지, 바다가 더 넓은지 빈칸에 ✓ 하세요.

바다가 더 넓어요.

육지가 더 넓어요.

빙산은 실제로 얼마나 클까요?

빙산은 바다에 떠 있는 거대한 얼음덩어리예요.
아래 그림을 잘 살펴보고 바다 위로 올라온 빙산이 더 큰지,
바다 아래에 잠겨 있는 얼음이 더 큰지 빈칸에 ✓ 하세요.

☐ 바다 위 빙산이 더 커요.

☐ 바다 아래 얼음이 더 커요.

어디에 숨었을까요?

원숭이 봉고는 숨바꼭질을 하고 있어요.
봉고가 숨어 있는 위치에 알맞은 낱말을 찾아 선으로 이어 보세요.

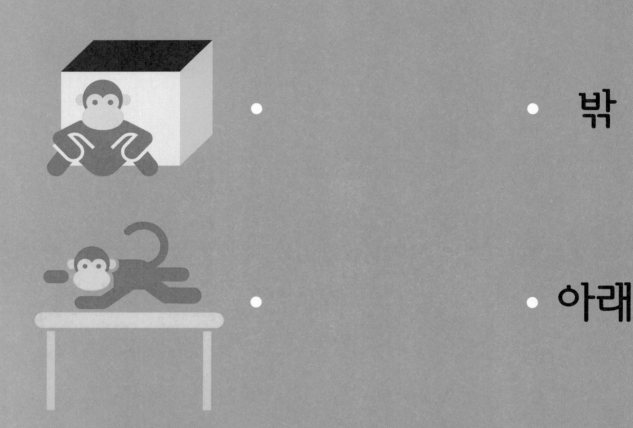

밖

아래

안

위

위치 찾기

유정이가 집 안에 있는 그림에는 ◯,
유정이가 집 위에 서 있는 그림에는 ✕ 하세요.

빠른 길을 찾아요

도로에서 빨간불이나 노란불이 켜지면 멈춰 서야 해요.
아래의 도로 중 가장 빨리 지나갈 수 있는 도로에 ◯ 하세요.

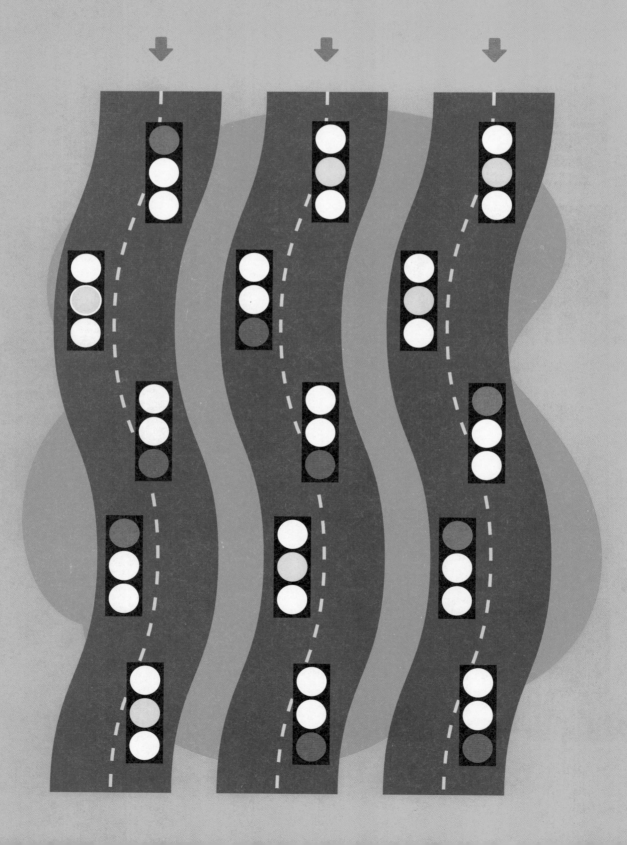

무슨 색일까요?

43

I
Q

왼쪽의 색깔이 들어간 그림을 찾아 선으로 이어 보세요.

빨강

초록

파랑

하양

발명품 따라가기

민수는 발명품 미로를 통과해야만 집에 갈 수 있어요.
민수가 집에 갈 수 있도록 발명품이 있는 칸을 따라
선을 그어 보세요.

뒤죽박죽 곤충 미로

딱정벌레는 곤충 미로를 통과해야만 집에 갈 수 있어요.
딱정벌레가 집에 갈 수 있도록 곤충이 있는 칸을 따라
선을 그어 보세요.

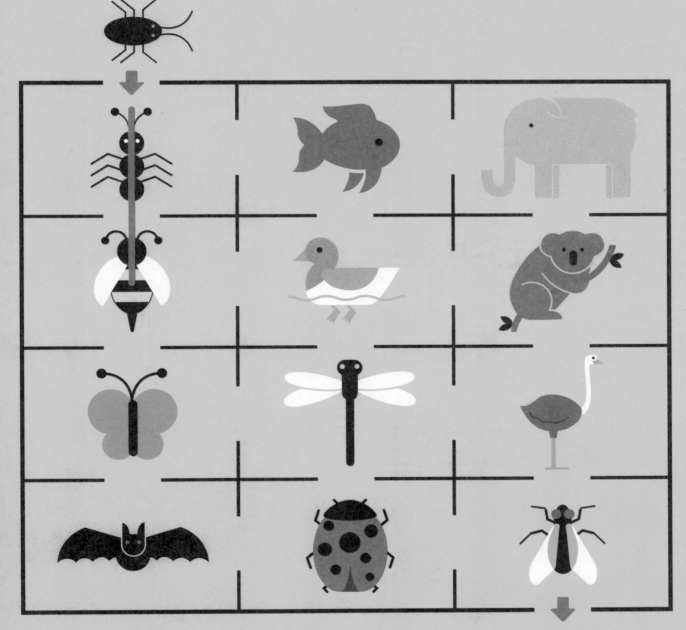

요일 순서 맞추기

요일의 순서가 뒤섞여 있어요.
월요일이 1이 되도록 1부터 7까지 빈칸에 숫자를 써 보세요.

화요일 ☐

일요일 ☐

금요일 ☐

월요일 ☐

토요일 ☐

수요일 ☐

목요일 ☐

편지는 언제 올까요?

주연이는 월요일에 진아에게 편지를 보냈어요.
편지가 도착하려면 3일이 걸려요.
진아는 언제 편지를 받을지 알맞은 요일에 ◯ 하세요.

월요일

화요일

수요일

목요일

금요일

토요일

일요일

채소 인기투표

슬기네 반 친구들은 좋아하는 채소에 투표를 했어요.
☺가 많을수록 인기가 높은 채소예요.
슬기네 반에서 가장 인기 없는 채소를 찾아
빈칸에 알맞은 이름을 써 보세요.

채소 인기투표					
브로콜리	☺	☺	☺	☺	☺
당근	☺	☺			
토마토	☺	☺	☺	☺	

유치원 가는 길

지영이는 친구들이 어떤 방법으로 유치원에 가는지 조사했어요.
각자 별 스티커를 붙여 유치원에 가는 방법을 표시해요.
다음 질문을 읽고 빈칸에 알맞은 숫자를 써 보세요.

버스를 타고 가는 친구는 몇 명인가요?

☐ 명

자전거를 타고 가는 친구는 몇 명인가요?

☐ 명

자동차					
버스					
자전거					
걷기					

바다 동물 투표하기

솔이네 반 친구들은 좋아하는 바다 동물에 투표를 했어요.
다음 질문을 읽고 빈칸에 알맞은 숫자와 이름을 써 보세요.

돌고래를 좋아하는 친구는 몇 명인가요?

명

어떤 바다 동물이 표를 가장 적게 받았나요?

바다 동물		표의 개수
돌고래		卌 l
물개		卌 ll
꽃게		llll

→ 언어 ←

낱말 낚시하기

상어는 'ㄱ' 받침이 있는 낱말만 물어요.
상어가 물 수 있는 낱말을 모두 찾아 ◯ 하세요.

목도리

학교   수영

전화기   책상

알맞은 동물 찾기

이름에 'ㄴ' 받침이 있는 동물을 모두 찾아 ◯ 하세요.

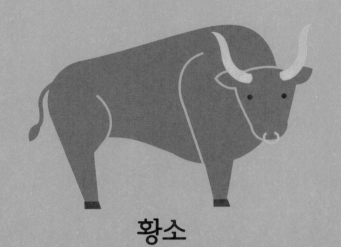

황소

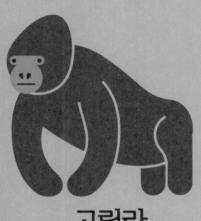

고릴라

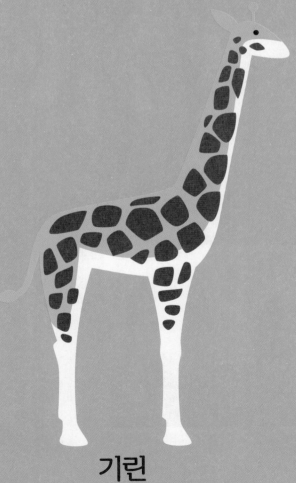

기린

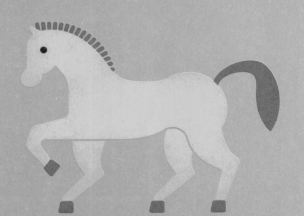

원숭이

말

알맞은 낱말 찾기

'ㄹ' 받침이 있는 낱말을 모두 찾아 ◯ 하세요.

박쥐   당근

달   물고기

사진

낱말 그루터기 찾기

'ㅁ' 받침이 있는 낱말이 적힌 그루터기를 찾아 ◯ 하세요.

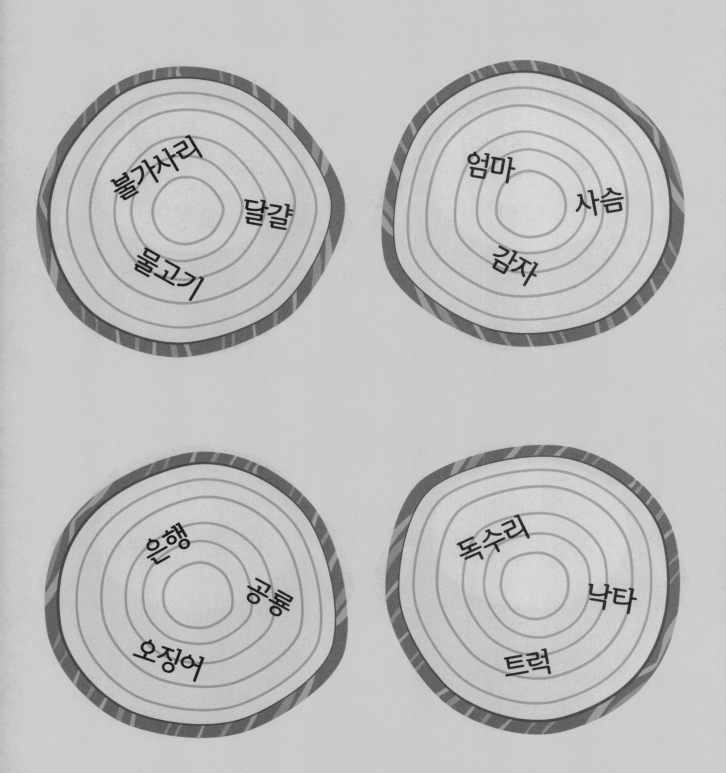

불가사리
달걀
물고기

엄마
사슴
감자

은행
공룡
오징어

독수리
낙타
트럭

알맞은 냄비 찾기

'ㅂ' 받침이 있는 낱말이 든 냄비를 찾아 ◯ 하세요.

공 오징어
양말

곰 장난감
금붕어

집
장갑 입술

딸기
물 고릴라

세쌍둥이 찾기

수영, 수민, 수호는 세쌍둥이예요.
세쌍둥이는 모두 'ㅅ' 받침이 있는 낱말이 적힌 티셔츠를 입었어요.
아래 친구들 중에서 세쌍둥이를 찾아 ◯ 하세요.

받침 따라가기

젖소는 'ㅇ' 받침이 있는 낱말 칸으로만 갈 수 있어요.
젖소가 집에 가는 길을 따라 선을 그어 보세요.

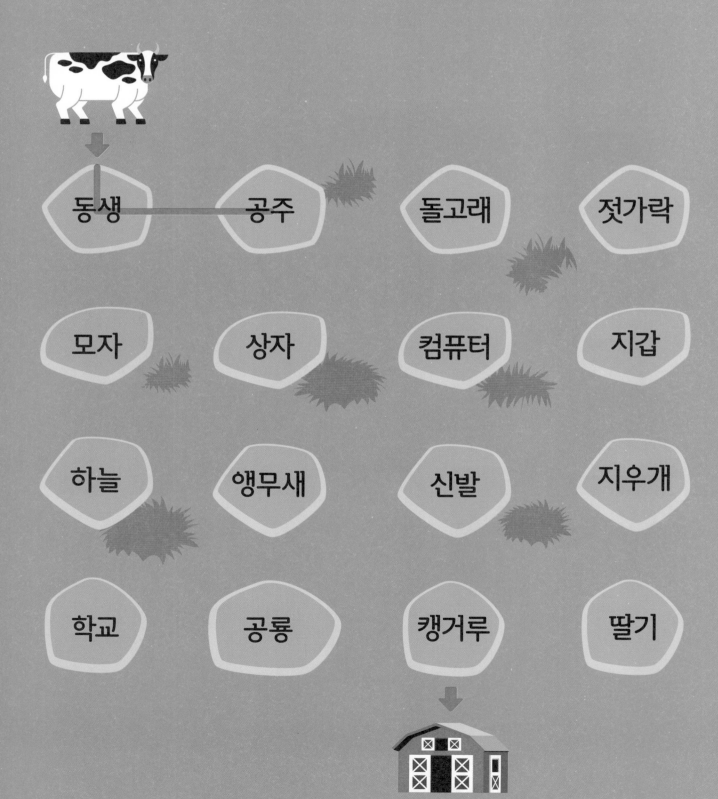

여러 가지 받침

왼쪽 그림의 이름 속 받침과 똑같은 받침을 찾아 선으로 이어 보세요.

꽃

무릎

돋보기

젖소

ㄷ

ㅈ

ㅊ

ㅍ

똑같은 받침 찾기 1

아래의 낱말에는 받침이 하나씩 있어요.
각 낱말 속 받침과 똑같은 받침을 찾아 선으로 이어 보세요.

수박 •

우산 •

치약 •

버섯 •

수건 •

도넛 •

'ㄴ' 받침

'ㅅ' 받침

'ㄱ' 받침

똑같은 받침 찾기 2

아래의 낱말에는 받침이 하나씩 있어요.
각 낱말 속 받침과 똑같은 받침을 찾아 선으로 이어 보세요.

나팔 •

다람쥐 •

가방 •

사탕 •

엄마 •

열쇠 •

목장 식구를 찾아요

동물들이 목장에서 나와 여기저기에 흩어져 있어요.
이름에 받침이 없는 동물이 목장 식구예요.
아래 그림 중 목장 식구를 모두 찾아 ◯ 하세요.

이름이 똑같아요

낱말 중에는 뜻이 다르지만 이름이 똑같은 것들이 있어요.
아래 그림 중 이름이 같은 것끼리 선으로 이어 보세요.

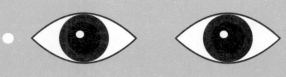

첫 글자 모여라

각 낱말의 첫 글자끼리 모이면 새로운 낱말이 돼요.
각 낱말의 첫 글자에 ◯ 하고 빈칸에 알맞은 낱말을 써 보세요.

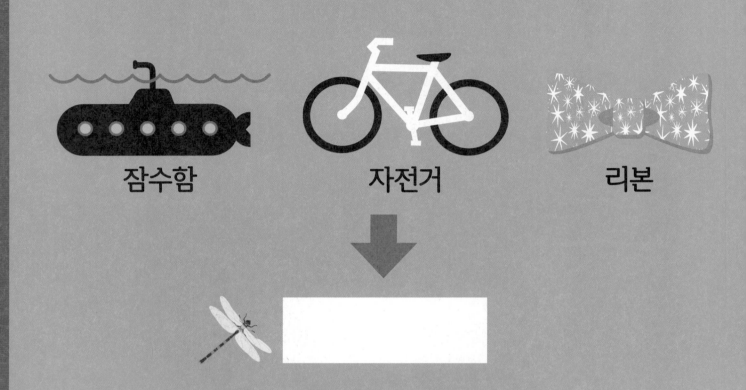

잠수함   자전거   리본

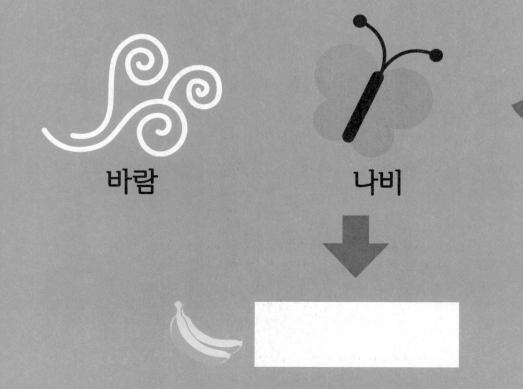

바람   나비   나뭇잎

마지막 글자 모여라

각 낱말의 마지막 글자끼리 모이면 새로운 낱말이 돼요.
각 낱말의 마지막 글자에 ◯ 하고 빈칸에 알맞은 낱말을 써 보세요.

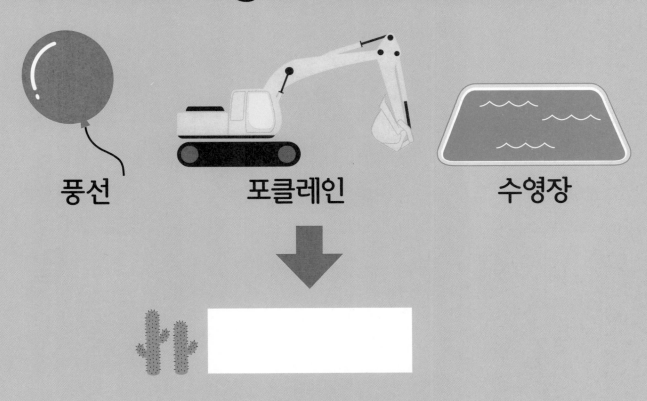

풍선   포클레인   수영장

물개   지구   도토리

첫 글자 찾기

각 낱말의 첫 글자가 빠져 있어요.
아래에서 빠진 글자를 찾아 빈칸에 써 보세요.

　갑　　　　　자　　　　　말

　계　　　　　상　　　　　탕

책　양　모　사　시　　　장

마지막 글자 찾기

각 낱말의 마지막 글자가 빠져 있어요.
아래에서 빠진 글자를 찾아 빈칸에 써 보세요.

그 ☐   토 ☐   비 ☐

가 ☐   노 ☐   침 ☐

재 네 래 끼 누 대

악기 이름 완성하기

악기 이름의 첫 글자가 빠져 있어요.
아래에서 빠진 글자를 찾아 빈칸에 써 보세요.

☐럼

☐팔

☐아노

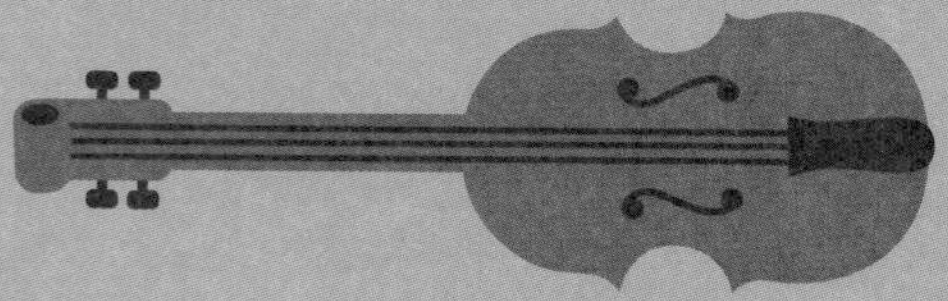

☐이올린

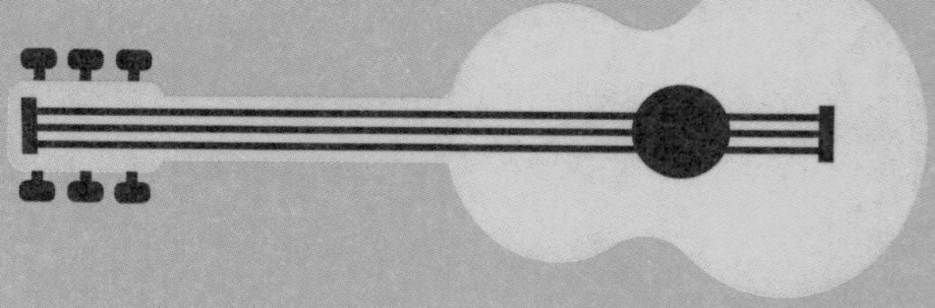

☐타

드 기 나 피 바

동물 이름 완성하기

동물 이름의 글자가 빠져 있어요.
아래에서 빠진 글자를 찾아 빈칸에 써 보세요.

□ 우   펭 □   바다 □ 북

□ 개   □ 래

고 귄 물 거 새

음식 이름 완성하기

음식 이름의 글자가 빠져 있어요.
아래에서 빠진 글자를 찾아 빈칸에 써 보세요.

☐ 자

케이 ☐

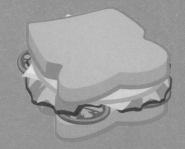

샌드 ☐ 치

☐ 박

위   이크   피   수

공통 낱말 찾기

아래 그림들 이름에 공통으로 들어가는 한 글자는 무엇인지
빈칸에 써 보세요.

어울리는 말 찾기

동물이나 사물의 모양 또는 상태를 나타내는 말이 있어요.
각 그림과 가장 잘 어울리는 말을 찾아 선으로 이어 보세요.

반짝반짝

둥실둥실

뒤뚱뒤뚱

누구의 소리일까요?

동물들은 각각 자신만의 특별한 울음소리를 내요.
각 동물에 알맞은 울음소리를 찾아 선으로 이어 보세요.

꼬꼬댁

꽥꽥

어흥

개굴개굴

울음소리 찾기

다음 동물들에 알맞은 울음소리를 아래에서 찾아
말풍선 안에 써 보세요.

쥐

돼지

고양이

개

멍멍   찍찍   야옹   꿀꿀

새끼를 찾아요

동물들이 잠잘 시간이에요.
하지만 아기 동물들이 아직 돌아오지 않았어요.
각 동물들의 새끼를 가리키는 낱말을 찾아 선으로 이어 보세요.

강아지

병아리

망아지

송아지

사계절의 이름

우리나라는 사계절의 구분이 뚜렷해요.
각 그림을 보고 아래에서 알맞은 계절 이름을 찾아
빈칸에 써 보세요.

봄   여름   가을   겨울

사물을 세는 낱말

각 사물을 세는 알맞은 낱말을 찾아 선으로 이어 보세요.

꽃

자동차

강아지

책

• 1대

• 1권

• 1마리

• 1송이

진짜 이름을 찾아요

시연이는 동물 사진 찍는 걸 좋아해요.
그런데 실수로 사진에 이름을 잘못 썼어요.
빈칸에 동물의 진짜 이름을 써 보세요.

가재

토끼

기린

펭귄

여러 가지 운동

친구들이 다양한 운동을 하고 있어요.
아래에서 각 운동에 알맞은 이름을 찾아 빈칸에 써 보세요.

수영   축구   야구
테니스   스키

낱말 더하기

두 낱말을 더하면 새로운 낱말이 돼요.
새롭게 만든 낱말과 어울리는 그림을 찾아 선으로 이어 보세요.

거미+줄 ·

수레+바퀴 ·

알람+시계 ·

김+밥 ·

물+고기 ·

낱말 빼기

낱말에서 글자 하나를 빼면 새로운 낱말이 돼요.
새롭게 만든 낱말과 어울리는 그림을 찾아 선으로 이어 보세요.

꽃병-병 •

컵케이크-컵 •

나팔꽃-꽃 •

손목-목 •

옷장-장 •

낱말 더하기

두 낱말을 더하면 새로운 낱말이 돼요.
그림으로 나타낸 각 낱말들을 더하면 어떤 낱말이 될지
아래에서 찾아 빈칸에 써 보세요.

솜사탕   파랑새   눈사람

글자 바꾸기

한 낱말에서 글자 하나를 바꾸면 새로운 낱말이 돼요.
아래 지시에 맞게 낱말을 바꿔 보고
알맞은 그림을 찾아 선으로 이어 보세요.

상어의 '상'을
'문'으로 바꾸면?

수박의 '수'를
'호'로 바꾸면?

거위의 '거'를
'가'로 바꾸면?

파도의 '파'를
'포'로 바꾸면?

글자 수가 같아요

각 물건의 이름이 무엇인지 생각해 보고
글자 수가 같은 것끼리 선으로 이어 보세요.

이름이 뒤죽박죽

동물 이름의 앞뒤 글자가 뒤죽박죽 섞여서 엉망이 되었어요.
동물 이름을 알맞은 순서대로 빈칸에 고쳐 써 보세요.

람쥐다

호이랑

늑거랭

말얼룩

끝말잇기로 도둑 잡기

끝말잇기를 하며 각 방을 통과하면 도둑을 잡을 수 있어요.
시작부터 끝까지 알맞은 방을 통과하며 선을 그어 보세요.

수염	염소	수수께끼
칫솔	소나무	얼룩말
장미	무지개	개나리
옷장	거미	리본

정글짐 끝말잇기

끝말잇기를 하다 보면 정글짐을 통과할 수 있어요.
시작부터 끝까지 알맞은 길을 따라 선을 그어 보세요.

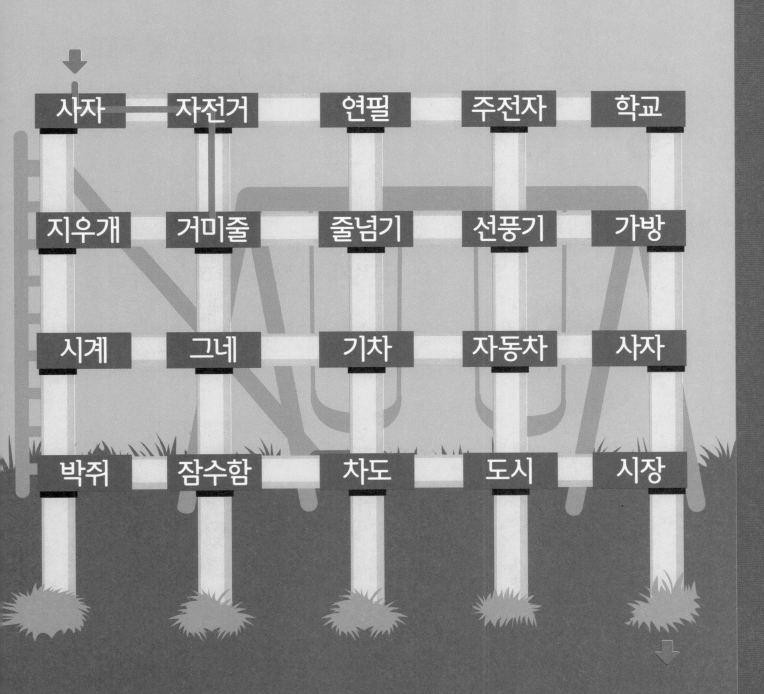

사자	자전거	연필	주전자	학교
지우개	거미줄	줄넘기	선풍기	가방
시계	그네	기차	자동차	사자
박쥐	잠수함	차도	도시	시장

문장 완성하기 1

다음 문장을 읽고 밑줄 친 곳에 어울리는 낱말을
아래에서 찾아 빈칸에 써 보세요.

나는 부릉부릉 _____를 타고
유치원에 가요.

유미가 가장 좋아하는 과일은
_____예요.

사막에는 뾰족한 가시가 달린
_____이 있어요.

선인장　　버스　　사과

문장 완성하기 2

다음 문장을 읽고 밑줄 친 곳에 어울리는 낱말을
아래에서 찾아 빈칸에 써 보세요.

고양이는 야옹,
_____는 멍멍.

_____는 흐물흐물 다리가
10개나 있어요.

똑딱똑딱 _____는
시간을 알려 줘요.

오징어   시계   강아지

가족 이름 쓰기

다음 액자에 우리 가족의 얼굴을 그려 보고
빈칸에 가족의 이름을 써 보세요.

→ 수학 ←

수 세고 따라 쓰기

다음 동그라미의 수를 세어 보고 큰 소리로 따라 읽어 보세요.
그리고 숫자를 따라 써 보세요.

이십 · 스물

20	20	20

삼십 · 서른

30	30	30

사십 · 마흔

40 40 40

오십 · 쉰

50 50 50

세모 세기

세모를 모두 찾아 세어 보고 빈칸에 알맞은 숫자를 써 보세요.

개

네모 세기

네모를 모두 찾아 세어 보고 빈칸에 알맞은 숫자를 써 보세요.

개

수 세기 1

감자튀김과 축구공이 각각 몇 개인지 세어 보고
빈칸에 알맞은 숫자를 써 보세요.

□ 개

□ 개

수 세기 2

목걸이의 꽃과 구슬이 각각 몇 개인지 세어 보고
빈칸에 알맞은 숫자를 써 보세요.

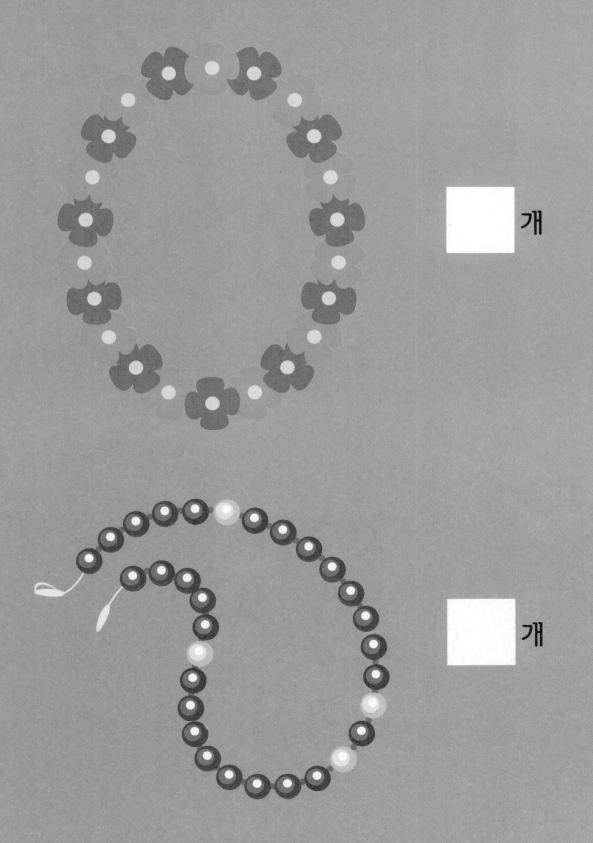

개

개

숫자만큼 묶기 1

각 물건들을 왼쪽에 쓰인 숫자만큼 묶어 보세요.

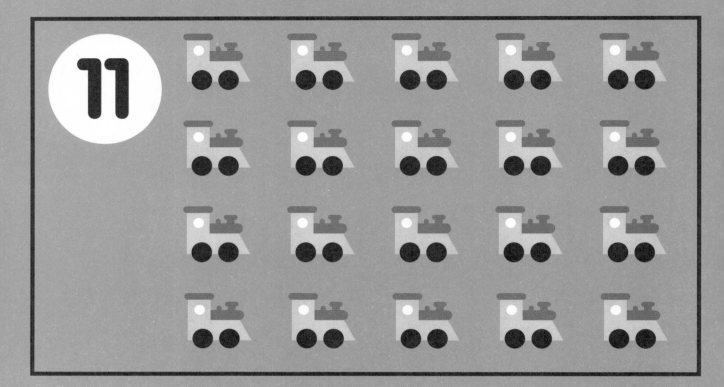

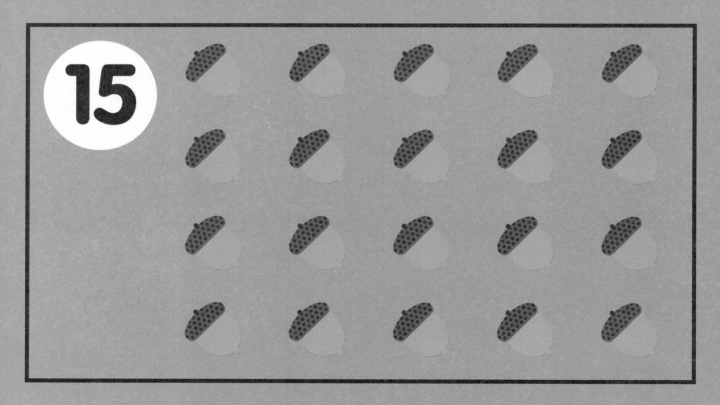

숫자만큼 묶기 2

각 물건들을 왼쪽에 쓰인 숫자만큼 묶어 보세요.

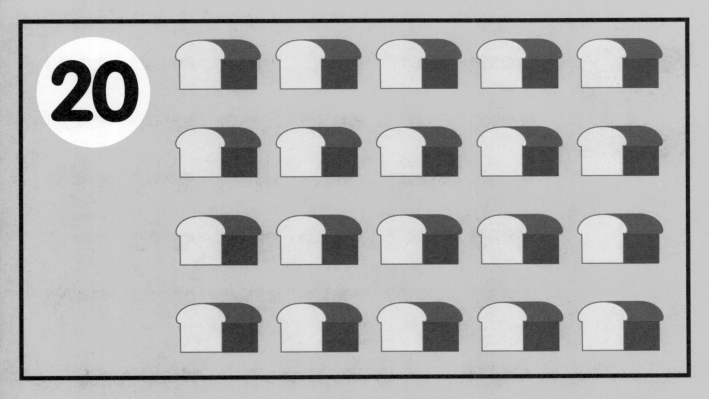

묶어서 세기

각각의 물건들을 왼쪽에 쓰인 대로 세어 보고
빈칸에 알맞은 수를 써 보세요.

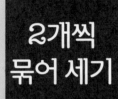

2개씩 [ ] 묶음, 모두 [ ] 개

3개씩 [ ] 묶음, 모두 [ ] 개

4개씩 묶어 세기

4개씩 [ ] 묶음, 모두 [ ] 개

5개씩 묶어 세기

5개씩 [ ] 묶음, 모두 [ ] 개

6개씩 묶어 세기

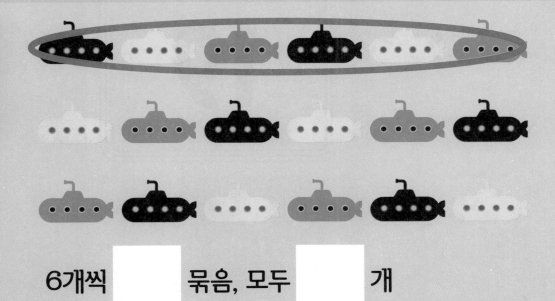

6개씩 [ ] 묶음, 모두 [ ] 개

숫자 카드놀이

명수와 진우는 카드놀이를 하고 있어요.
숫자가 큰 카드를 뽑는 사람이 이기는 놀이예요.

이것은 명수가 뽑은 카드예요:

이것은 진우가 뽑은 카드예요:

이긴 사람이 뽑은 카드에 ◯ 하세요

이번엔 누가 이겼을까요?
이긴 사람이 뽑은 카드에 ◯ 하세요.

명수가 뽑은 카드:　**20**

진우가 뽑은 카드:　**30**

마지막 승부! 누가 이겼을까요?
이긴 사람이 뽑은 카드에 ◯ 하세요.

명수가 뽑은 카드:　**49**

진우가 뽑은 카드:　**48**

더하면 몇 개일까요?

과일을 모으고 있어요.
그림을 보고 빈칸에 알맞은 숫자를 써 보세요.

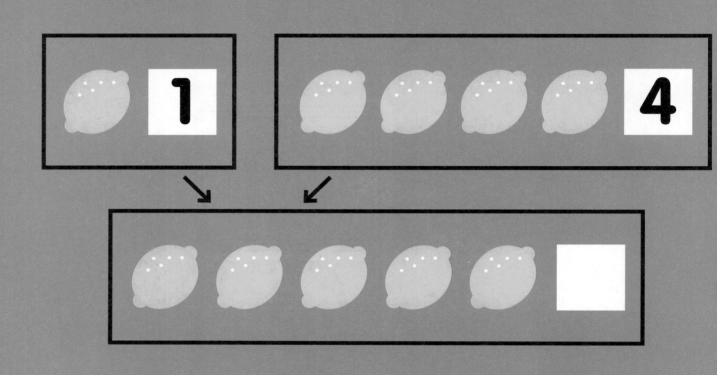

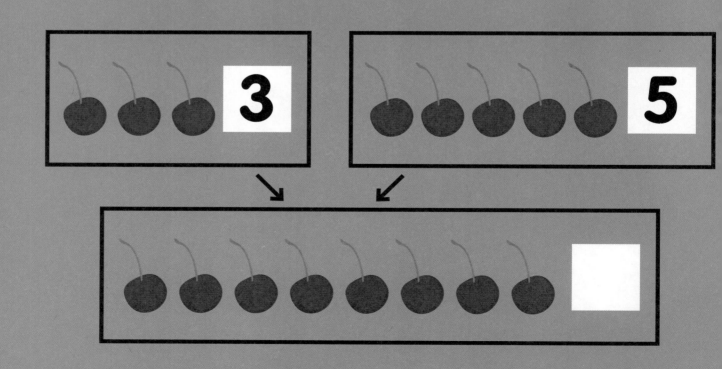

나누면 몇 개일까요?

간식을 나누어 먹으려고 해요.
그림을 보고 빈칸에 알맞은 숫자를 써 보세요.

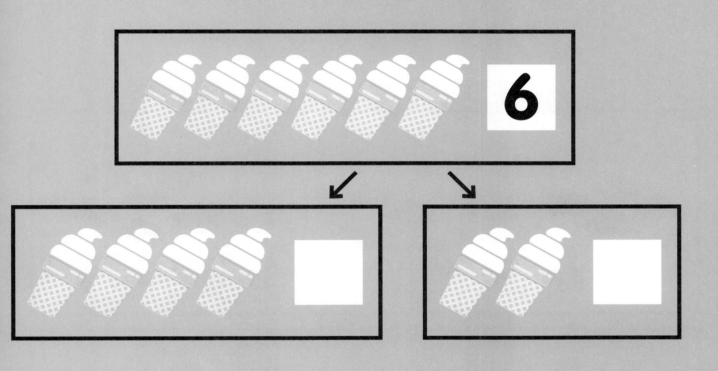

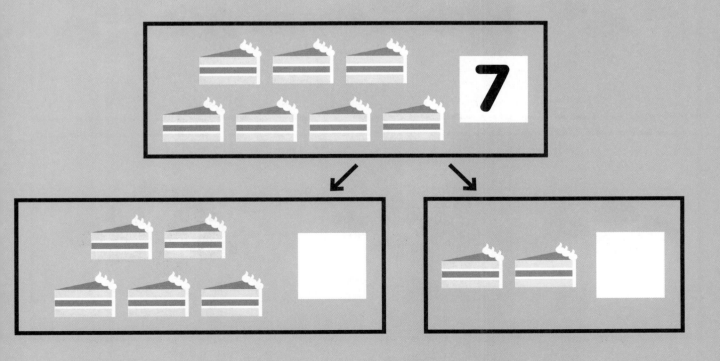

컵케이크 세기

민준이는 컵케이크 4개를 만들고,
연정이는 6개를 만들었어요.
둘이 만든 컵케이크는 모두 몇 개일까요?
알맞은 그림식을 찾아 ◯ 하세요.

아이스크림 세기

한나는 아이스크림 3개를 먹고,
준영이는 5개를 먹었어요.
둘이 먹은 아이스크림은 모두 몇 개일까요?
알맞은 그림식을 찾아 ◯ 하세요.

남은 도토리 세기

윤주와 민주는 둘이서 도토리 8개를 모았어요.
그리고 각자 2개씩 먹었어요.
도토리는 모두 몇 개가 남았을까요?
알맞은 그림식을 찾아 ◯ 하세요.

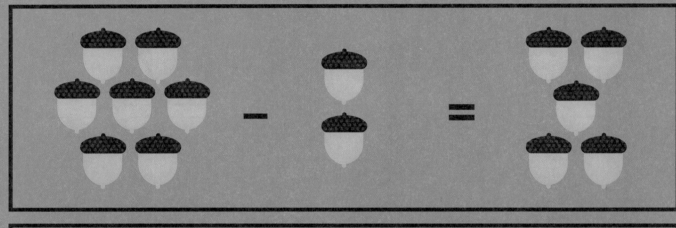

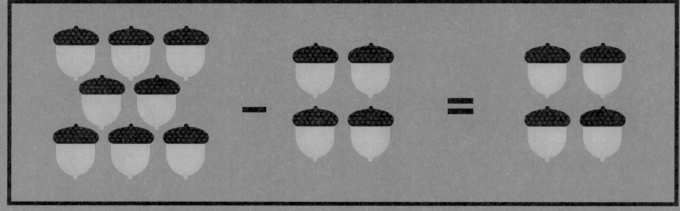

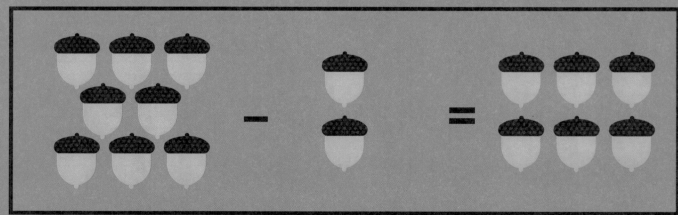

남은 쿠키 세기

태희와 가희는 둘이서 쿠키 10개를 만들었어요.
그리고 각자 1개씩 먹었어요.
쿠키는 모두 몇 개가 남았을까요?
알맞은 그림식을 찾아 ◯ 하세요.

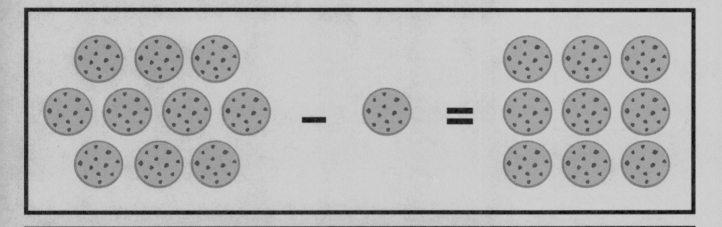

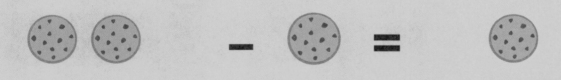

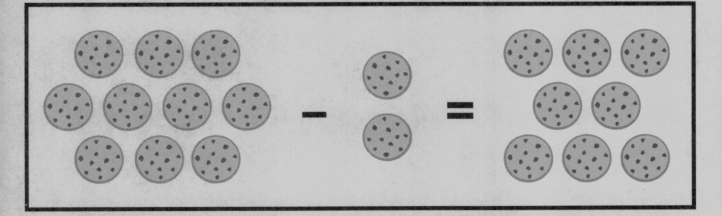

그림으로 덧셈하기

동그라미로 덧셈 연습을 해요.
각각의 그림식이 완성되도록 빈칸에 동그라미를 그려 보세요.

그림으로 뺄셈하기

세모로 뺄셈 연습을 해요.
각각의 그림식이 완성되도록 빈칸에 세모를 그려 보세요.

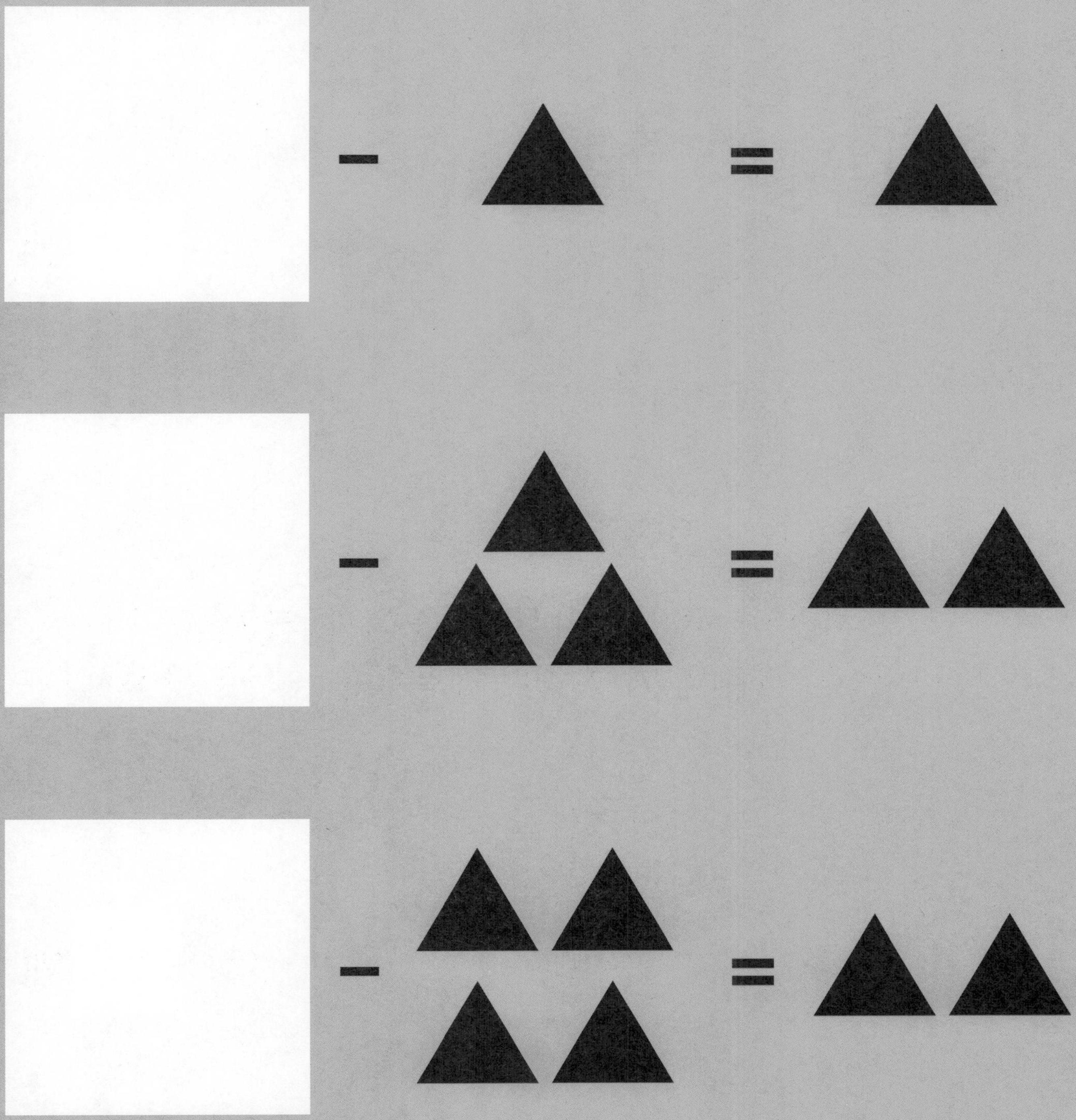

☐ - ▲ = ▲

☐ - △△△ = ▲▲

☐ - ▲▲▲▲ = ▲▲

몇 개를 먹었을까요?

지영이는 파인애플 3개, 사과 2개, 바나나 3개를 먹었어요.
지영이가 먹은 과일은 모두 몇 개일까요?
빈칸에 알맞은 숫자를 써 보세요.

지민이는 지영이보다 과일을 적게 먹었어요.
지민이는 몇 개를 먹었는지 빈칸에 알맞은 숫자를 써 보세요.

뺄셈을 해요

다음 뺄셈의 알맞은 답을 써 보세요.
빈칸에 1부터 9까지 숫자가 한 번씩만 들어가야 해요.

10 − 3 =

8 − 5 =

6 − 2 =

9 − 4 =

4 − 2 =

2 − 1 =

10 − 2 =

9 − 3 =

10 − 1 =

1을 더해요

각각의 장난감 개수를 세어 보세요.
각 장난감 개수에 1을 더한 숫자를 찾아 선으로 이어 보세요.

5

10

4

8을 만들어요

각각의 머핀에는 젤리가 8개씩 필요해요.
각 머핀에 부족한 젤리의 개수를 찾아 선으로 이어 보세요.

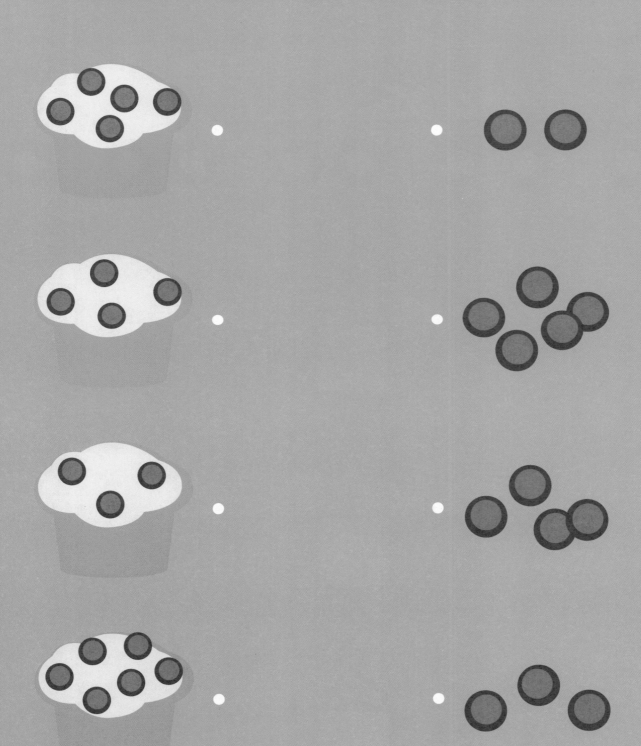

줄줄이 동물 기차

그림을 보고 빈칸에 알맞은 숫자를 써 보세요.

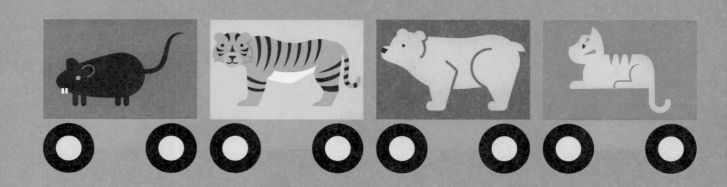

호랑이는 앞에서 몇 번째 칸에 있나요?

번째

고양이는 뒤에서 몇 번째 칸에 있나요?

번째

쥐는 뒤에서 몇 번째 칸에 있나요?

번째

층층이 동물 아파트

그림을 보고 빈칸에 알맞은 숫자를 써 보세요.

돼지는 위에서 몇 번째 칸에 있나요?

☐ 번째

젖소는 아래에서 몇 번째 칸에 있나요?

☐ 번째

말은 아래에서 몇 번째 칸에 있나요?

☐ 번째

수평 만들기 1

태희는 저울을 수평 상태로 만들려고 해요.
저울은 양쪽 추의 무게가 같아야 수평이 돼요.
아래 빈칸에 필요한 추의 개수를 찾아 선으로 이어 보세요.

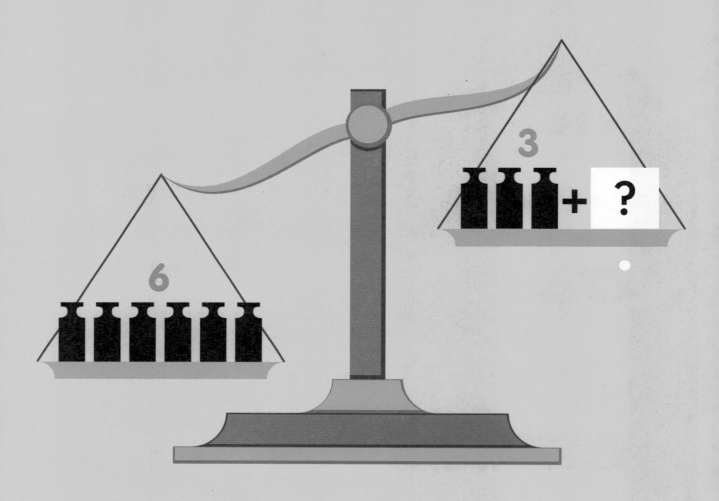

1

2

3

4

수평 만들기 2

용준이는 저울을 수평 상태로 만들려고 해요.
저울은 양쪽 추의 무게가 같아야 수평이 돼요.
아래 빈칸에 필요한 추의 개수를 찾아 선으로 이어 보세요.

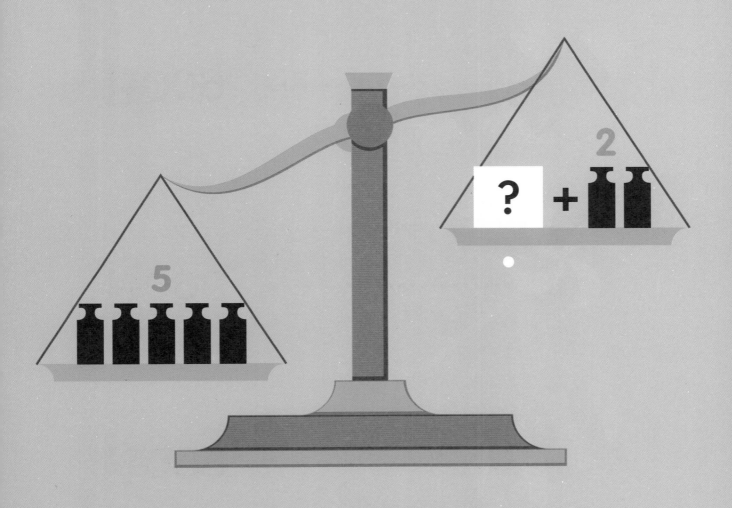

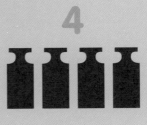

가장 비싼 사탕

우림이는 가장 비싼 사탕을 샀어요.
우림이가 산 사탕을 찾아 ◯ 하세요.

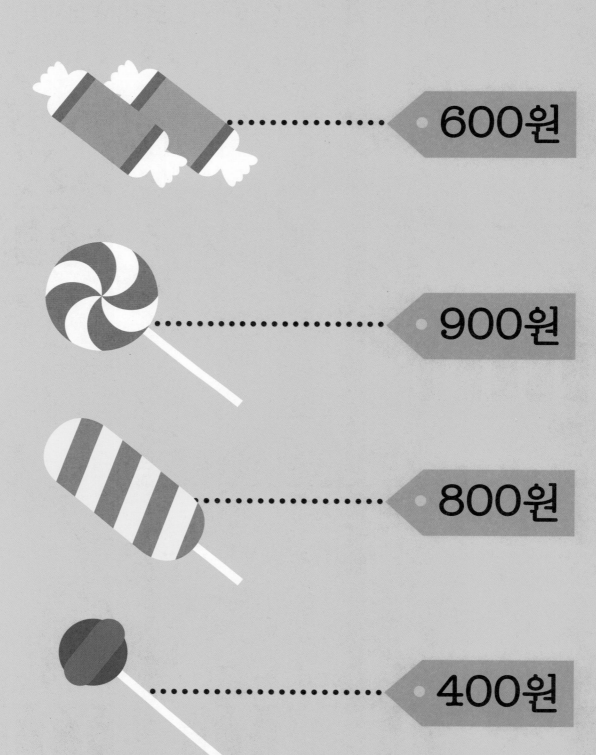

600원

900원

800원

400원

가장 싼 자전거

수지는 가장 싼 장난감 자전거를 샀어요.
수지가 산 장난감 자전거를 찾아 ◯ 하세요.

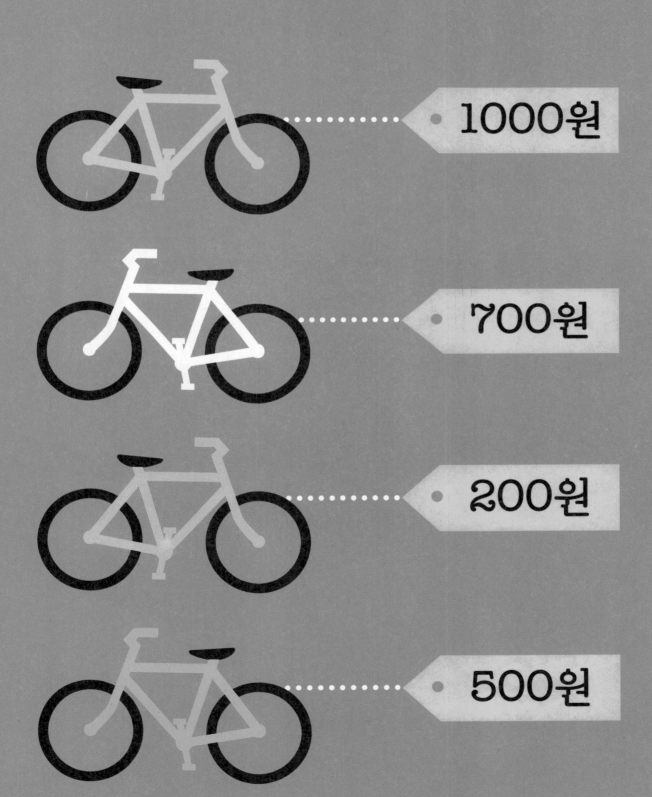

1000원

700원

200원

500원

장난감을 사요

장군이는 동전이 든 지갑을 가지고 장난감을 사러 갔어요.
장군이가 살 수 있는 장난감을 찾아 ◯ 하세요.

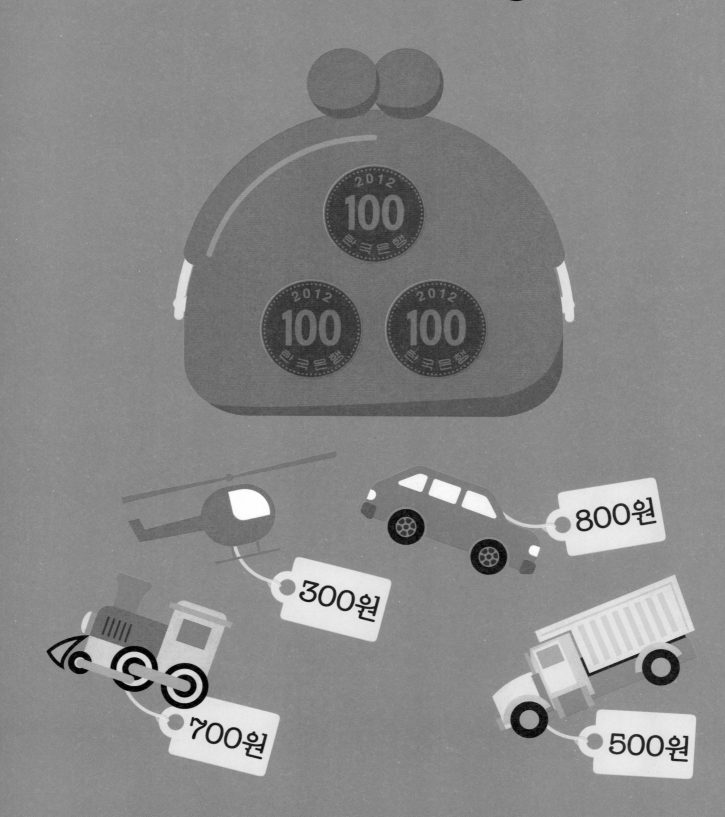

사탕 가격 비교하기

예린이는 가게에서 가장 싼 사탕과 가장 비싼 사탕을
각각 하나씩 집었어요.
예린이가 고른 사탕은 어느 것일까요?
가장 비싼 사탕에는 ◯, 가장 싼 사탕에는 ✕ 하세요.

동전을 더해요 1

각 줄에 있는 동전이 모두 얼마인지 세어 보고
빈칸에 알맞은 숫자를 써 보세요.

10원   10원   10원

 원

100원   10원   10원

 원

100원   100원

10원   10원   10원

원

동전을 더해요 2

각 줄에 있는 동전이 모두 얼마인지 세어 보고
빈칸에 알맞은 숫자를 써 보세요.

100원   100원   100원   100원

원

500원   100원   100원

원

500원

원

100원   100원   100원   100원

덧셈식 따라가기

꿀벌이 꽃을 찾아가고 있어요.
답이 9가 되는 칸으로만 이동하면 꽃을 찾을 수 있어요.
꿀벌이 가는 길을 따라 선을 그어 보세요.

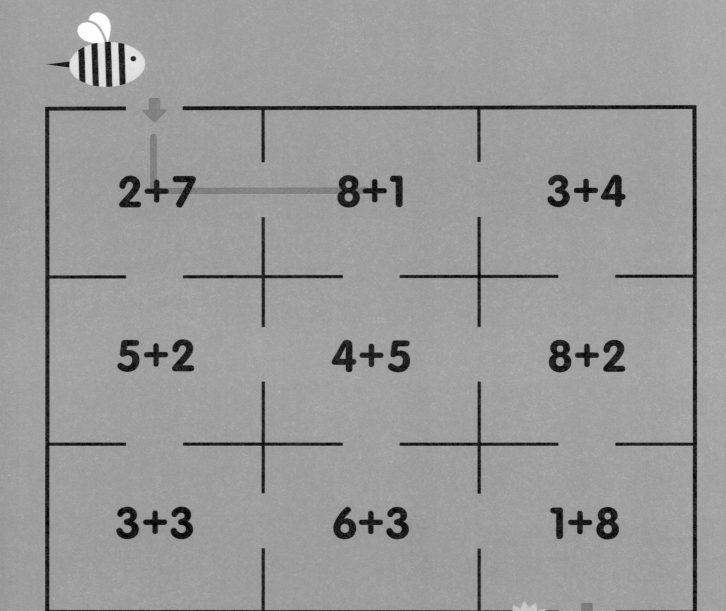

2+7	8+1	3+4
5+2	4+5	8+2
3+3	6+3	1+8

뺄셈식 따라가기

새가 둥지를 찾아가고 있어요.
답이 2가 되는 칸으로만 이동하면 둥지를 찾을 수 있어요.
새가 가는 길을 따라 선을 그어 보세요.

6-4	5-2	7-3
3-1	8-5	2-1
9-7	4-2	5-3

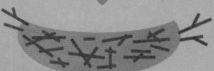

몇 시에 일어날까요?

원준이는 매일 아침 7시에 일어나야 해요.
어떤 알람 시계를 사용해야 할지 알맞은 시계를 찾아 ○ 하세요.

잠이 든 시간은?

승훈이는 저녁 11시에 잠이 들었어요.
승훈이가 잠든 시간을 정확하게 나타낸 시계를 찾아 ◯ 하세요.

신문 배달 시간 찾기

수영이가 신문을 배달하는 시간은 매일 새벽 4시예요.
배달 시간을 정확하게 나타낸 시계를 찾아 ◯ 하세요.

→ 과학 ←

우리 몸 이름 1

우리 몸의 각 부위는 이름이 있어요.
동그라미 친 부위에 알맞은 이름을 찾아 선으로 이어 보세요.

- 손목

- 코

- 목

- 발목

- 팔꿈치

- 발

우리 몸 이름 2

우리 몸의 각 부위는 이름이 있어요.
동그라미 친 부위에 알맞은 이름을 찾아 선으로 이어 보세요.

눈 •

발가락 •

어깨 •

무릎 •

입 •

몸을 보호해요

동물들은 자기 몸을 보호하기 위해 다양한 방법을 써요.
다음 중 안전을 위해 지독한 냄새를 풍기는 동물에는 ◯,
뽀족한 가시를 이용하는 동물에는 ✕ 하세요.

고슴도치

상어

스컹크

도마뱀

알을 낳는 동물

동물 중에는 새끼를 낳는 동물이 있고 알을 낳는 동물도 있어요.
다음 중 알을 낳는 동물을 모두 찾아 ◯ 하세요.

사는 곳이 달라요

동물들은 저마다 사는 곳이 달라요.
각각의 동물이 사는 곳을 선으로 이어 보세요.

고래

낙타

북극곰

악어

열대 우림

바다

사막

북극

알맞은 집 찾기

생물들은 저마다 쉴 수 있는 집이 있어요.
다음 생물에 알맞은 집을 찾아 선으로 이어 보세요.

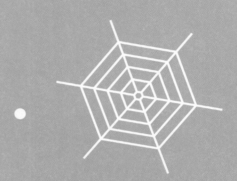

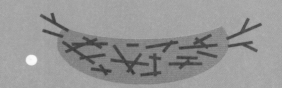

나비의 한살이

나비는 알, 애벌레, 번데기를 거쳐 나비가 되어요.
알의 단계가 1이 되도록 순서대로
1부터 4까지 빈칸에 숫자를 써 보세요.

개구리의 한살이

알에서 개구리가 되기까지의 모습을 보고,
세 번째 단계에 해당하는 그림을 찾아 〇 하세요.

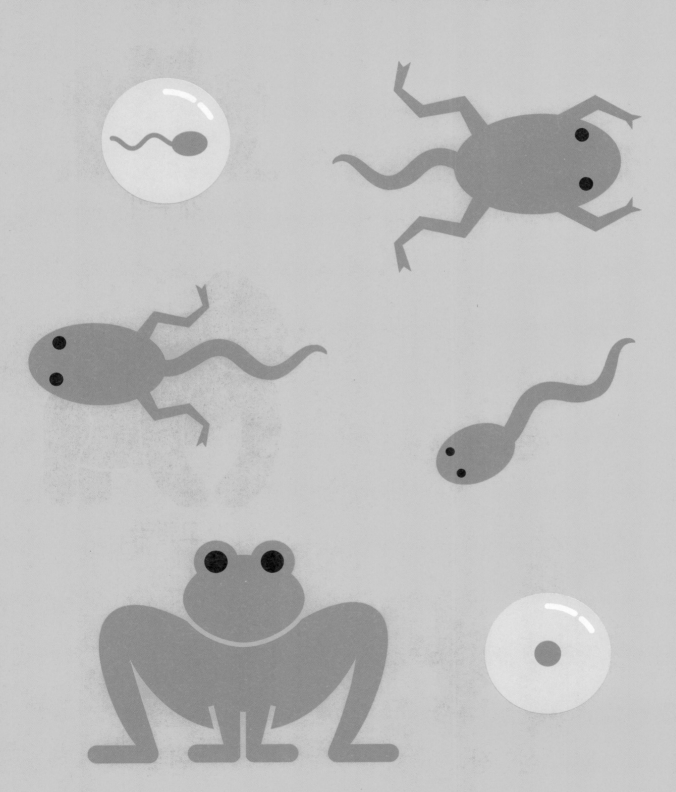

연못 친구들

다음 중 연못과 어울리지 않는 동식물을 모두 찾아 ◯ 하세요.

북극곰

개구리

물고기

고릴라

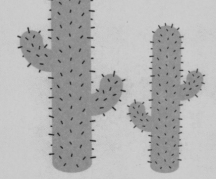

선인장

연꽃

곤충 이름 맞히기

각각의 곤충에 알맞은 이름을 찾아 선으로 이어 보세요.

파리

개미

벌

잠자리

무럭무럭 자라요

화분이 각각 햇빛과 어둠 속에 있어요.
어떤 화분의 식물이 더 크고 튼튼하게 자랄지 빈칸에 ◯ 하세요.

식물과 관련한 낱말

식물과 관련한 아래의 그림을 살펴보고
각 그림에 알맞은 이름을 찾아 선으로 이어 보세요.

씨앗

풀

나무

잎

꽃

꼭 필요해요

우리가 먹고 숨 쉬며 살아가기 위해 꼭 필요한 것들이 있어요.
다음 중 없어서는 안 될 중요한 것들을 모두 찾아 ◯ 하세요.

음식

물

공기

장난감

자전거

텔레비전

오늘의 날씨는?

날씨를 나타내는 낱말과 어울리는 그림을 찾아 선으로 이어 보세요.

비 •

눈 •

바람 •

맑음 •

구름 •

가장 더운 날

온도계는 날씨의 덥고 추움을 알려 주는 도구예요.
온도계의 눈금이 높이 올라갈수록 더운 날이에요.
아래 그림과 온도계를 보고 가장 더운 날을 찾아 빈칸에 ○ 하세요.

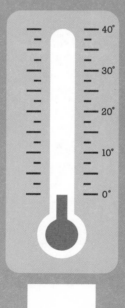 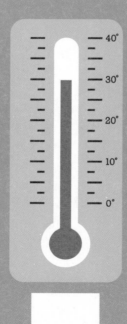 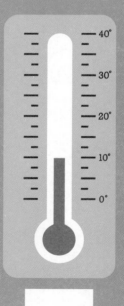

가장 추운 날

효진이는 계절이 바뀔 때마다 사진 찍는 것을 좋아해요.
다음 사진 중에서 가장 추운 날을 찾아 ◯ 하세요.

비가 내려요

현우는 매일매일 비가 온 양을 기록해요.
다음 중 비가 가장 많이 온 날에는 ◯,
비가 가장 적게 온 날에는 ✕ 하세요.

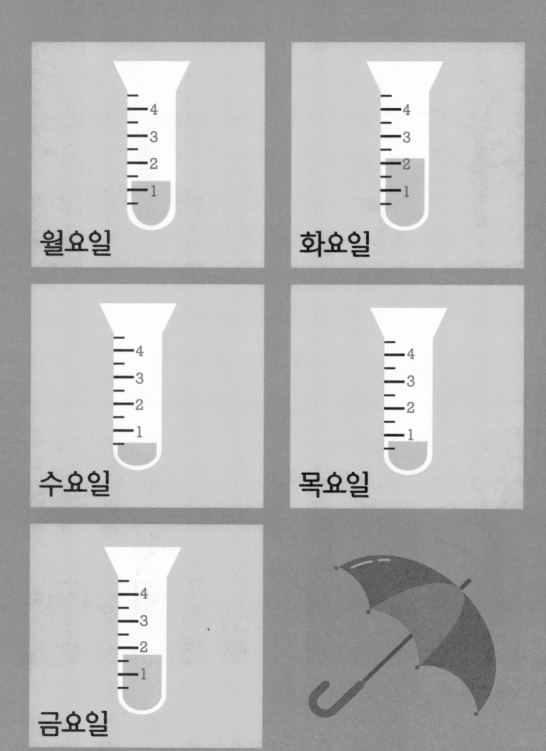

오늘의 날씨는?

정은이가 날씨 소식을 전하고 있어요.
각각의 그림과 어울리는 날씨를 나타낸 낱말을 선으로 이어 보세요.

 •   • 태풍

 •   • 눈보라

 •   • 무더위

 •   • 번개

액체를 찾아요

액체는 물처럼 눈에 보이지만 손으로 형체를 잡을 수는 없어요.
다음 중 액체가 들어 있는 것을 모두 찾아 ◯ 하세요.

기체를 찾아요

기체는 일정한 모양이 없고 가벼워요.
우리에게 꼭 필요한 공기도 기체의 한 종류예요.
다음 중 기체가 담긴 것에 ◯ 하세요.

물의 다양한 변화

물은 온도에 따라 고체, 액체, 기체로 형태가 다양하게 변해요.
물을 차갑게 얼리면 어떤 형태가 되는지
알맞은 그림을 찾아 ◯ 하세요.

물이 꽁꽁 얼어요

연못 위에서 스케이트를 타려면 물이 꽁꽁 얼어야 해요.
다음 중 스케이트를 탈 수 있는 사람의 이름에 ◯ 하세요.

지혜

호준

자석에 붙어요

자석은 쇠로 된 것을 끌어당기는 신기한 물건이에요.
다음 중 자석에 붙는 것을 모두 찾아 ◯ 하세요.

살아 있는 생물

다음 중 살아 있지 않은 것을 모두 찾아 ✕ 하세요.

더 빨리 움직여요

태민이와 종현이가 장난감 자동차로 경주를 하고 있어요.
더 빠른 속도로 움직이는 자동차에 ◯ 하세요.

바닷속 친구들

바다에 사는 동물들이 자기소개를 해요.
다음 소개말에 알맞은 바다 동물을 찾아 선으로 이어 보세요.

나는 딱딱한 껍데기 속에
진주를 가지고 있어.

나는 땅에서는
느리지만 바닷속에서는
아주 빨라.

나는 몸길이만큼
긴 집게발이 2개나 있어.

몸을 지켜요

물고기들은 각각 다른 방법으로 자기 몸을 안전하게 지켜요.
다음 물고기들의 생김새를 잘 살펴보고 몸을 지키는
알맞은 방법을 찾아 선으로 이어 보세요.

아주 딱딱한 껍데기로
몸을 보호해요.

여러 친구와
함께 무리 지어 다녀서
안전해요.

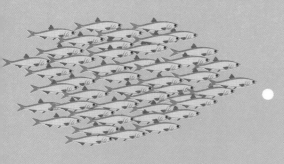

날카로운 가시로
적을 위협해요.

물고기의 몸

물고기의 몸을 잘 살펴보고 각 부위에 알맞은 낱말을
아래에서 찾아 빈칸에 써 보세요.

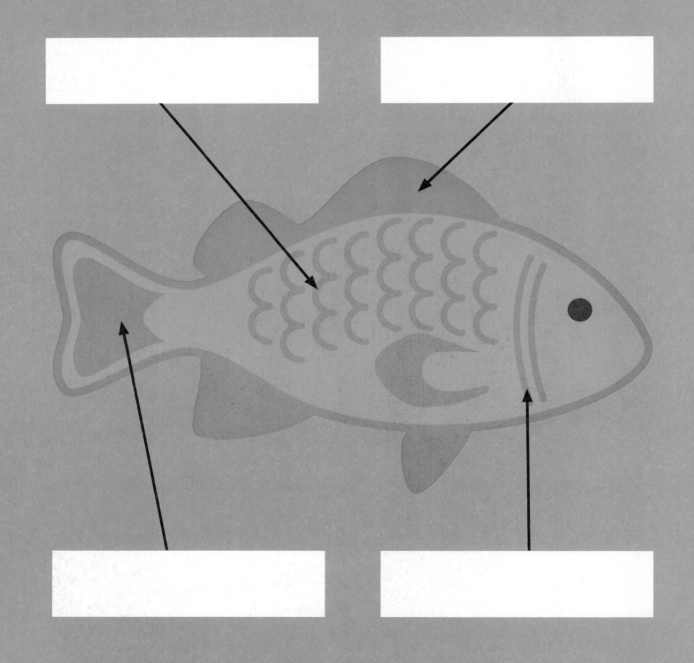

꼬리　　지느러미　　아가미　　비늘

바닷속 해초

해초는 바닷속에 사는 키가 큰 풀이에요.
줄기에 동그란 공기주머니가 달려 있어서
바닷속에서도 똑바로 서 있을 수 있어요.
해초의 각 부위에 알맞은 이름을 찾아 선으로 이어 보세요.

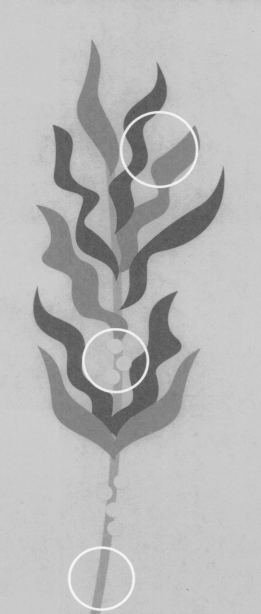

· 뿌리

· 줄기

· 잎

· 공기주머니

알에서 물고기까지

모든 물고기는 작은 알에서부터 자라기 시작해요.
아래의 그림을 보고 물고기가 자라는 순서에 맞게
1부터 4까지 빈칸에 숫자를 써 보세요.

누구의 피부일까요?

재민이는 다양한 바다 동물의 몸을 관찰하고 있어요.
각 동물에 알맞은 피부를 찾아 선으로 이어 보세요.

물고기

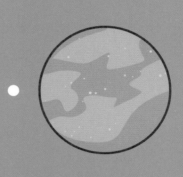

수달

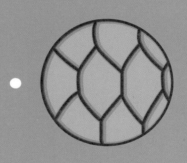

고래

펭귄

산호의 먹이를 찾아라

산호초는 아주 작은 동물인 산호가 모여 만든 곳이에요.
산호는 더듬이 같은 촉수를 이용해 먹이를 먹어요.
다음 그림에서 산호의 먹이가 되는 생물을 찾아 〇 하세요.

힌트: 산호는 너무 크거나 딱딱한 것은 먹지 못해요.

물고기

바다거북

해초

조개

바닷속 탐험

다음 그림은 바닷속에 있는 여러 지역이에요.
각 지역에 알맞은 이름을 찾아 선으로 이어 보세요.

 •   • 바다 밑바닥

 •   • 남극 바다

 •   • 해초 숲

 •   • 산호초

바다 밑바닥은 평평할까요?

깊은 바닷속 밑바닥은 어떻게 생겼을까요?
아래의 그림을 보고 알맞은 답을 찾아 빈칸에 ✓ 하세요.

평평해요.

울퉁불퉁해요.

바람은 어느 방향으로 불까요?

파도는 바다에서 바람이 일으키는 물결이에요.
파도는 바람이 부는 방향으로 밀려가요.
아래의 그림을 보고 바람이 부는 알맞은
방향을 찾아 빈칸에 ✓ 하세요.

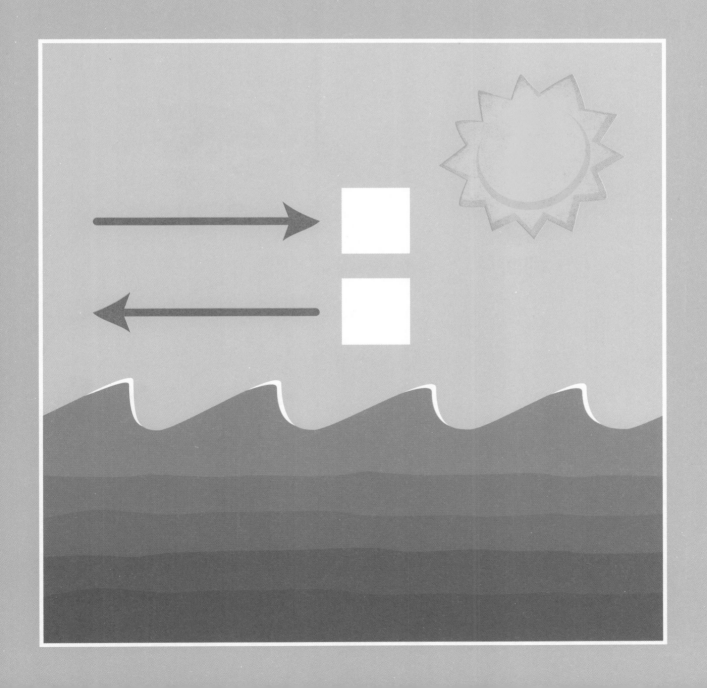

나는 누구일까요? 1

다음 수수께끼를 풀고 알맞은 그림에 ◯ 하세요.

나는 눈과 뼈가 없어요.
나는 우산 모양을 닮았어요.
나는 해변을 둥둥 떠다니기도 해요.

나는 누구일까요?

해마

물고기

가리비

해파리

나는 누구일까요? 2

다음 수수께끼를 풀고 알맞은 그림에 ◯ 하세요.

나는 바다 밑바닥에 살고 있어요.
나는 별처럼 생겼어요.
내 이름은 죽지 않는다는 뜻이에요.

나는 누구일까요?

오징어   참치

성게

불가사리

고래 동작 맞히기

동원이는 배를 타고 여행을 하던 중 고래를 만났어요.
다음은 동원이가 찍은 고래 사진들이에요.
각각의 사진에 알맞은 고래의 동작을 찾아 선으로 이어 보세요.

점프하기

꼬리로
첨벙거리기

물 위에서
숨쉬기

머리 내밀기

→ 공룡 ←

공룡 자기소개 1

공룡들이 제각기 자기소개를 해요.
다음 소개말에 알맞은 공룡을 찾아 선으로 이어 보세요.

내 입은 커다란
앵무새의 부리를 닮았어.

프시타코사우루스

나는 목이 길어서
높이 매달린 나뭇잎도
따 먹을 수 있지.

벨로키랍토르

나는 크고 날카로운
갈고리 발톱 덕분에
사냥을 잘해.

브라키오사우루스

공룡 자기소개 2

공룡들이 제각기 자기소개를 해요.
다음 소개말에 알맞은 공룡을 찾아 선으로 이어 보세요.

나는 몸 전체가
깃털로 둘러싸여 있어.   •   •

세기사우루스

나의 넓고 큰 입에는
날카로운 이빨이 가득   •   •
나 있지.

시노르니토사우루스

내 목은 길고 유연하고   •   •
꼬리는 아주 길어.

알로사우루스

몸을 지키는 수단

내 이름은 안킬로사우루스예요.
다음 그림을 보고 내가 몸을 보호하기 위해 사용하는
신체 부위를 나타낸 말을 모두 찾아 ◯ 하세요.

커다란 이빨   머리에 난 뿔

단단하고 두꺼운 꼬리   질긴 수염

등에 난 뿔   가는 다리

비슷한 새 찾기

프테라노돈은 물고기를 먹고 살았어요.
부리가 길고 이빨이 없어서 물고기를 씹지 않고 통째로 삼켰지요.

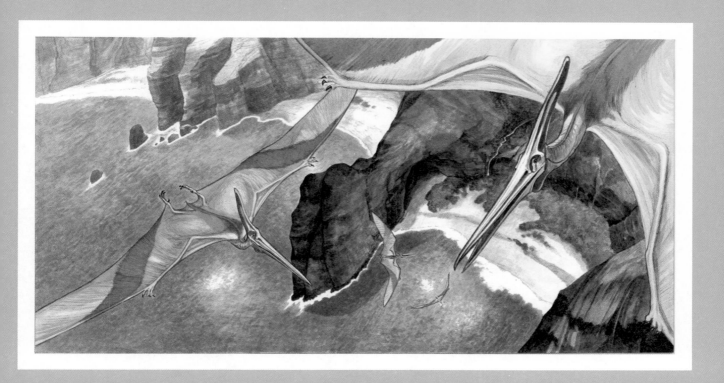

다음 중 프테라노돈과 생김새가 비슷하고
먹이를 통째로 삼키는 오늘날의 새를 찾아 ◯ 하세요.

물새   펠리컨   오리

날개 길이 비교하기

케찰코아틀루스는 날개가 커다란 익룡이에요.
다음 그림 중 케찰코아틀루스와 날개 길이가 같은 것은
무엇인지 찾아 ◯ 하세요.

케찰코아틀루스

독수리

경비행기

여객기

고대 동물 집 찾기

고대 동물들이 집을 잃어버렸어요.
각 동물의 생김새를 잘 살펴보면 사는 곳을 알 수 있어요.
각각의 동물에 알맞은 집을 찾아 선으로 이어 보세요.

프테라노돈

프로토케라톱스

플레시오사우루스

공룡 맞히기 1

다음 수수께끼를 풀고 알맞은 공룡에 ◯ 하세요.

내 이름은 트리케라톱스예요.
트리케라톱스는 '머리에 뿔이 3개 있다'라는 뜻이에요.
나는 이마에 2개, 코 위에 1개의 뿔이 있어요.

나는 누구일까요?

공룡 맞히기 2

다음 수수께끼를 풀고 알맞은 공룡에 ◯ 하세요.

내 이름은 데이노니쿠스예요.
데이노니쿠스는 '못생긴 발톱'이라는 뜻이에요.
내 발톱 중 하나가 위로 솟아 있기 때문이에요.

나는 누구일까요?

친척이 아닌 공룡

친척 관계인 공룡들은 서로 생김새가 비슷해요.
다음 중 나머지 공룡들과 관계가 먼 공룡을 찾아 ◯ 하세요.

벨로키랍토르　　　**데이노니쿠스**

아파토사우루스

밤비랍토르

골판이 있는 공룡

어떤 공룡의 등에는 태양의 열을 받게 해 주는 골판이 달려 있어요.
골판이 있는 공룡을 모두 찾아 〇 하세요.

세기사우루스

스피노사우루스

스테고사우루스

공룡의 이빨

육식 공룡은 고기를 뜯어 먹기 위해 이빨이 날카로워요.
초식 공룡은 풀을 잘게 썰어 먹기 위해 이빨이 평평해요.
다음 그림 중 육식 공룡의 이빨을 모두 찾아 빈칸에 ✓ 하세요.

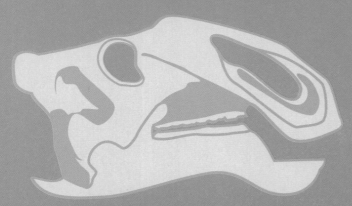

크리토사우루스

딜로포사우루스

벨로키랍토르

나뭇잎을 먹어요

나뭇잎을 먹고 살던 공룡은 입이 부리처럼 생겼어요.
다음 공룡들의 머리뼈를 살펴보고 나뭇잎을 먹고 살았던
공룡을 찾아 빈칸에 ◯ 하세요.

벨로키랍토르

티라노사우루스

안킬로사우루스

이름 속 숨은 의미 1

내 이름은 마이아사우라예요.
다음 그림을 보면 내 이름에 숨어 있는 뜻을 알 수 있어요.
아래에서 마이아사우라의 뜻을 찾아 ⭕ 하세요.

이빨이 큰 공룡

싸움을 잘하는 공룡

아기를 사랑하는 공룡

이름 속 숨은 의미 2

내 이름은 스테고케라스예요.
다음 그림을 보면 내 이름에 숨어 있는 뜻을 알 수 있어요.
아래에서 스테고케라스의 뜻을 찾아 ◯ 하세요.

평평한 머리

뿔 모양의 지붕 머리

짧고 굵은 꼬리

공룡알 찾기

어미 공룡이 알을 잃어버렸어요.
공룡이 있는 칸으로만 이동하면 알을 찾을 수 있어요.
어미 공룡이 알을 찾아가는 길을 따라 선을 그어 보세요.

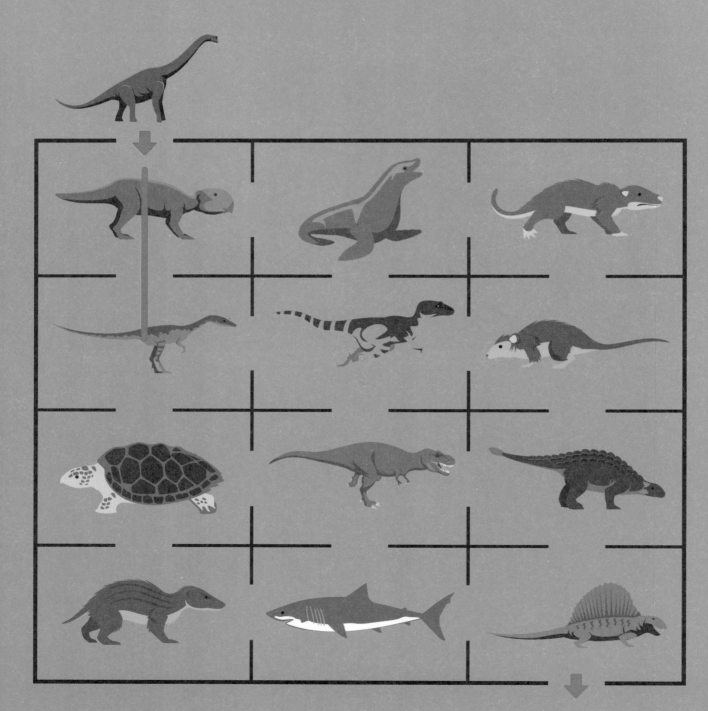

→ 탈것 ←

농장에서 일해요

어떤 탈것들은 곡식을 나르거나 동물을 운반하며 농장 일을 도와요.
다음 중 농장에서 일을 돕는 탈것을 모두 찾아 ◯ 하세요.

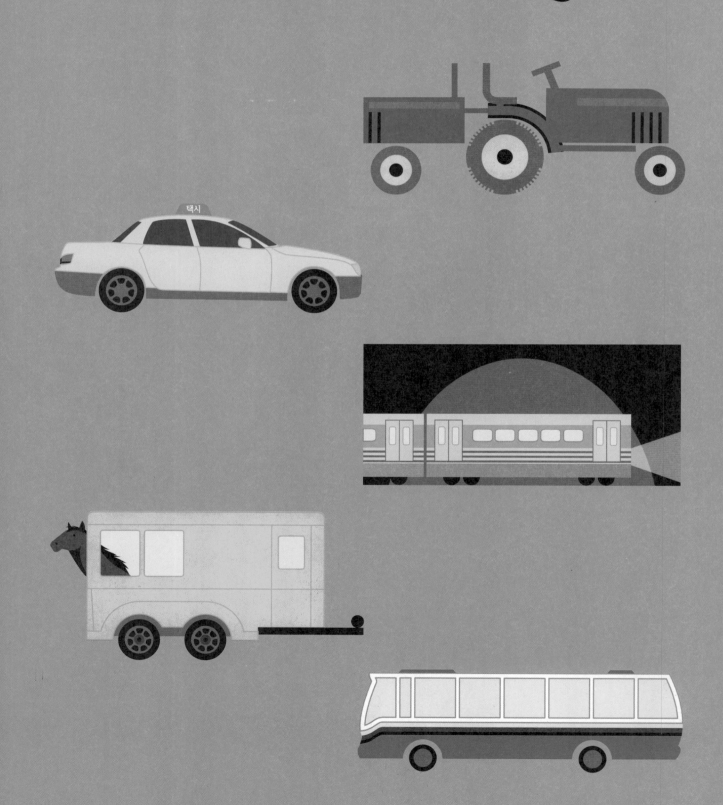

공사장에서 일해요

공사장의 탈것들은 길을 만들거나 건물을 짓는 데 쓰여요.
다음 중 공사장의 탈것을 모두 찾아 ◯ 하세요.

연료가 필요한 탈것

다음 중 움직이기 위해 기름과 같은 연료가 필요한 탈것을
모두 찾아 ◯ 하세요.

사람의 힘으로 움직여요

다음 중 자연의 힘이나 연료의 도움 없이
사람의 힘으로만 움직이는 탈것을 모두 찾아 ◯ 하세요.

나는 무엇일까요? 1

다음 수수께끼를 풀고 알맞은 그림에 ◯ 하세요.

나는 아주 거대한 탈것이에요.
나는 바닷속에서만 움직여요.
사람들은 나를 타고 깊은 바닷속을 탐험해요.

나는 무엇일까요?

나는 무엇일까요? 2

다음 수수께끼를 풀고 알맞은 그림에 ◯ 하세요.

나는 먼 거리를 빠르게 이동해요.
나는 날개가 있어요.
사람들은 나를 타고 먼 나라로 여행해요.

나는 무엇일까요?

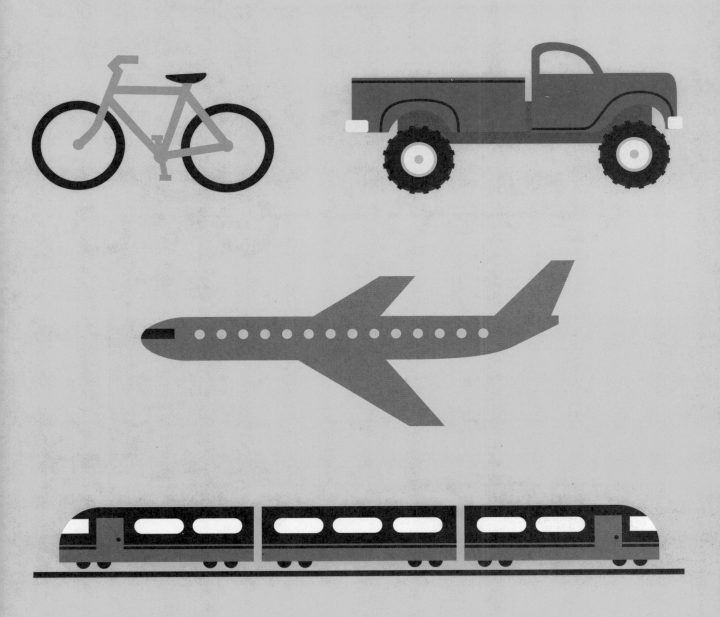

나는 무엇일까요? 3

다음 수수께끼를 풀고 알맞은 그림에 ◯ 하세요.

나는 땅에서 달려요.
나는 차 사고가 나면 바로 출동해요.
나는 고장 난 차를 싣고 이동해요.

나는 무엇일까요?

덤프트럭

오토바이

제트기

견인차

여러 가지 배

배에는 여러 종류가 있어요.
각각의 배에 알맞은 이름을 찾아 선으로 이어 보세요.

   ·   ·   요트

   ·   ·   카누

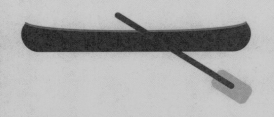   ·   ·   모터보트

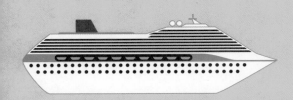   ·   ·   유람선

무엇을 옮길까요?

다음 탈것들은 무언가를 옮기는 일을 해요.
각각의 탈것이 옮기는 알맞은 사물을 찾아 선으로 이어 보세요.

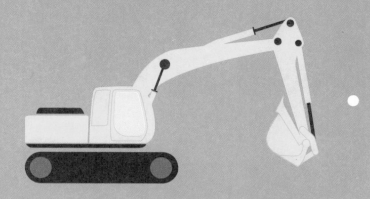

탈것과 장소

각각의 탈것은 다양한 장소에서 활동해요.
다음 각 줄에 있는 탈것 중 활동 장소가 다른 탈것을 찾아 ◯ 하세요.

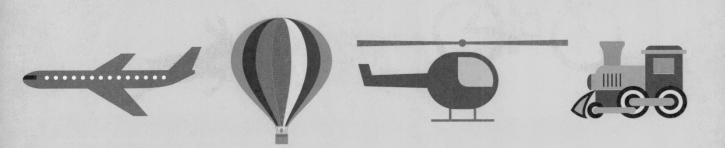

교통안전 표지판

도로에는 다양한 표지판이 있어요.
다음 중 사람이 걸어갈 수 없음을 나타낸 표지판을 찾아 ◯ 하세요.

안전이 제일

다음 그림 속 사람들은 모두 위험한 행동을 하고 있어요.
안전을 위해 해야 할 알맞은 행동을 찾아 선으로 이어 보세요.

헬멧 쓰기

제자리에
앉기

안전벨트
매기

탈것 속도 비교하기

다양한 탈것의 속도를 비교해요.
가장 빠른 것이 1이 되도록 1부터 5까지 빈칸에 숫자를 써 보세요.

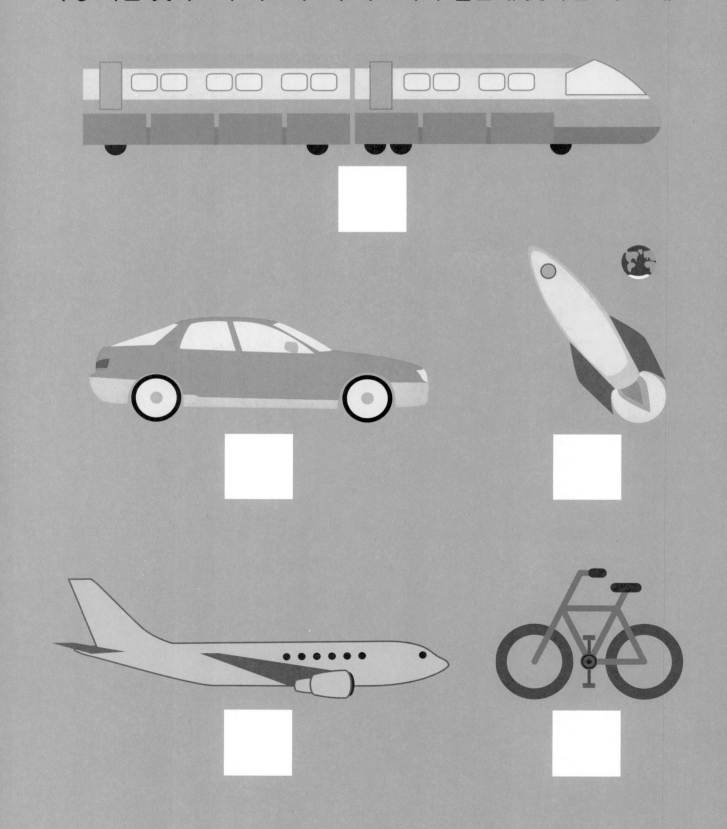

→ 사회성 ←

가방을 챙겨요

보윤이는 유치원에 가기 위해 가방을 챙겨요.
그런데 실수로 영어 시간에 꼭 필요한 준비물을 빼놓았어요.
보윤이가 빼놓은 물건을 찾아 ○ 하세요.

시간표를 짜요

영우는 유치원에서 돌아온 뒤에 할 일을 정리했어요.
영우의 계획표를 보고 시간 순서에 맞게 1부터 4까지
빈칸에 숫자를 써 보세요.

4:00
공놀이

3:30
그림 그리기

5:00
피아노 연습

2:30
숙제하기

방을 정리해요

한별이가 물건을 정리하고 있어요.
각각의 물건이 들어가야 할 알맞은 상자를 찾아 선으로 이어 보세요.

학용품　　　장난감　　　옷

여름과 관련한 물건

햇볕이 쨍쨍 내리쬐는 여름이 되었어요.
진이는 옷장에서 여름 물건을 꺼내려고 해요.
여름에 사용할 수 있는 물건을 모두 찾아 ◯ 하세요.

내 몸 꾸미기

다음은 내가 갖고 있는 옷과 신발 등이에요.
각각의 물건에 알맞은 이름을 찾아 선으로 이어 보세요.

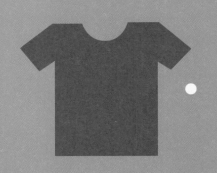

장갑

슬리퍼

모자

티셔츠

수영복

점퍼

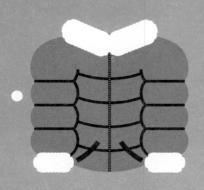

내 물건 이름 찾기

다음은 내가 갖고 있는 물건이에요.
각각의 물건에 알맞은 이름을 찾아 선으로 이어 보세요.

 ·   · 가방

 ·   · 우산

 ·   · 베개

 ·   · 책

표정을 지어요

혜선이는 거울 앞에서 표정 짓기 놀이를 하고 있어요.
각각의 표정에 알맞은 낱말을 찾아 선으로 이어 보세요.

화나요

슬퍼요

놀라요

행복해요

기분을 맞혀요

원숭이 봉고가 기분에 따라 다양한 표정을 짓고 있어요.
아래에서 알맞은 낱말을 찾아 빈칸에 써 보세요.

행복해요

놀라요

심심해요

슬퍼요

바른 습관 기르기 1

우리가 지켜야 할 바른 습관을 살펴봐요.
다음 그림을 보고 알맞은 습관을 선으로 이어 보세요.

잠자기 전에는
이를 깨끗이 닦아요.

파란불일 때
횡단보도를 건너요.

쓰레기는
쓰레기통에 버려요.

바른 습관 기르기 2

우리가 지켜야 할 바른 습관을 살펴봐요.
다음 그림을 보고 알맞은 습관을 선으로 이어 보세요.

놀고 난 후에는
장난감을 정리해요.

일찍 자고
일찍 일어나요.

편식하지 않고
골고루 먹어요.

환경을 보호해요

탈것에서 나오는 나쁜 연기는 환경을 오염시켜요.
다음 중 환경을 보호하는 사람을 모두 찾아 ◯ 하세요.

신 나는 공휴일

1년 중에는 다양한 공휴일이 있어요.
각각의 공휴일에 알맞은 날짜를 선으로 이어 보세요.

크리스마스

설날

어린이날

5월
___
5일

12월
___
25일

1월
___
1일

시간표 정리하기

유리네 유치원 시간표가 뒤죽박죽 섞여 있어요.
아래 시간표를 보고 시간 순서에 맞게
1부터 4까지 빈칸에 숫자를 써 보세요.

10:00
책 읽기

12:00
맛있는 점심시간

9:00
노래 부르기

11:00
그림 그리기

계획표 정리하기

태민이는 요일별로 할 일을 메모지에 적었어요.
아래 메모지를 보고 요일 순서에 맞게
1부터 4까지 빈칸에 숫자를 써 보세요.

목요일

생일 파티

월요일

축구

수요일

야구

화요일

피아노 연습

친구를 소개해요

액자 속에 가장 친한 친구의 얼굴을 그린 다음
아래의 빈칸에 친구 이름을 또박또박 써 보세요.

내 친구

→ 정답 ←

정답

→ 창의 ←

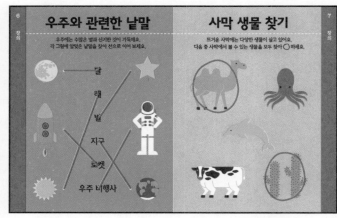

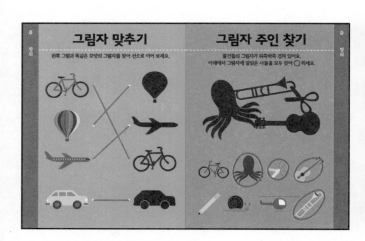

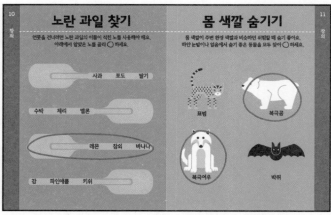

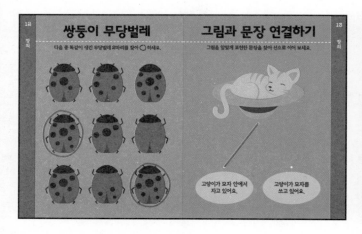

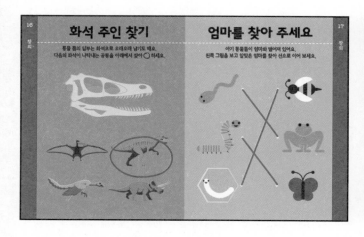

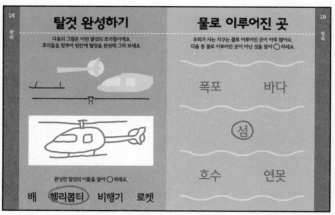

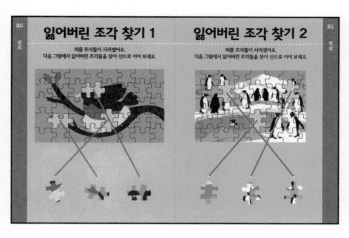

잃어버린 조각 찾기 1

잃어버린 조각 찾기 2

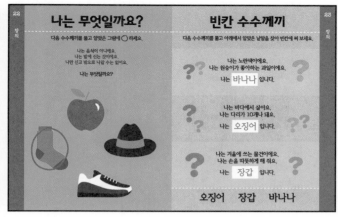

나는 무엇일까요?

빈칸 수수께끼

나는 노란색이에요.
나는 원숭이가 좋아하는 과일이에요.
나는 **바나나** 입니다.

나는 바다에서 살아요.
나는 다리가 10개나 돼요.
나는 **오징어** 입니다.

나는 겨울에 쓰는 물건이에요.
나는 손을 따뜻하게 해 줘요.
나는 **장갑** 입니다.

오징어 장갑 바나나

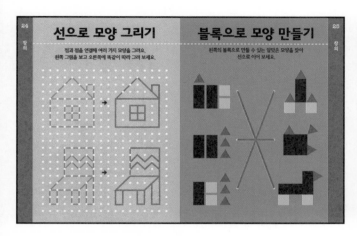

선으로 모양 그리기

블록으로 모양 만들기

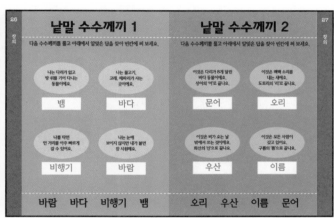

낱말 수수께끼 1

나는 다리가 없고
땅 위를 기어 다니는
동물이에요.
뱀

나는 물고기,
고래, 해파리가 사는
곳이에요.
바다

나를 타면
먼 거리를 아주 빠르게
갈 수 있어요.
비행기

나는 눈에
보이지 않지만 내가 불면
잘 사용해요.
바람

바람 바다 비행기 뱀

낱말 수수께끼 2

이것은 다리가 8개 달린
바다 동물이에요.
상어의 '먹이' 끝나요.
문어

이것은 빠짝 소리를
내는 새예요.
도토리의 '리'로 끝나요.
오리

이것은 비가 오는 날
밖에서 쓰는 것이에요.
화산의 '산'으로 끝나요.
우산

이것은 모든 사람이
갖고 있어요.
구름의 '름'으로 끝나요.
이름

오리 우산 이름 문어

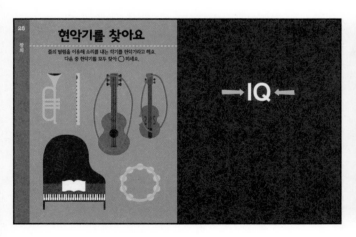

현악기를 찾아요

→ IQ ←

무게가 달라요

1 5 3 2 4

누가 더 무거울까요?

브라키오사우루스 6톤
티라노사우루스 10톤
트리케라톱스 80톤

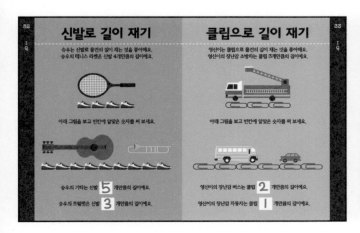

신발로 길이 재기

승우의 기타는 신발 **5** 개만큼의 길이예요.
승우의 트럼펫은 신발 **3** 개만큼의 길이예요.

클립으로 길이 재기

영신이의 장난감 버스는 클립 **2** 개만큼의 길이예요.
영신이의 장난감 자동차는 클립 **1** 개만큼의 길이예요.

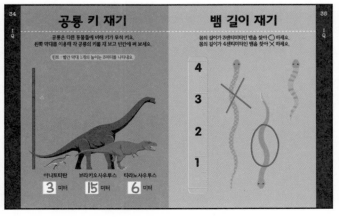

공룡 키 재기

아니토티탄 **3** 미터
브라키오사우루스 **15** 미터
티라노사우루스 **6** 미터

뱀 길이 재기

4 3 2 1

정답

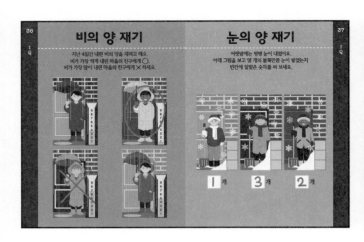

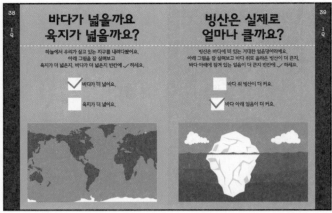

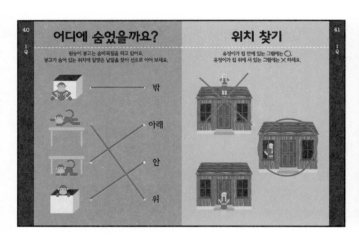

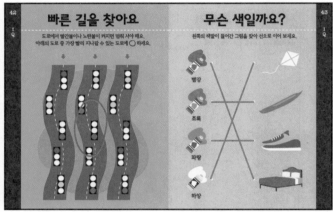

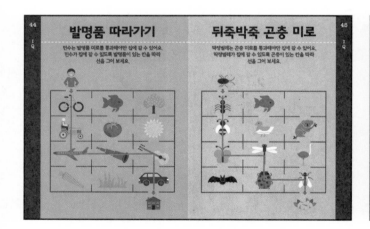

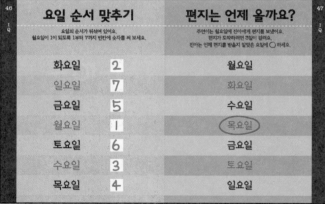

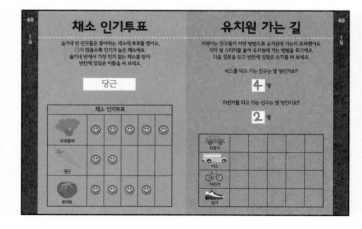

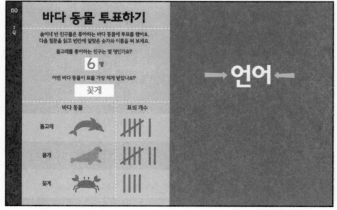

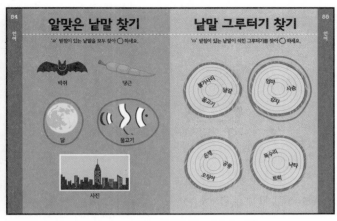

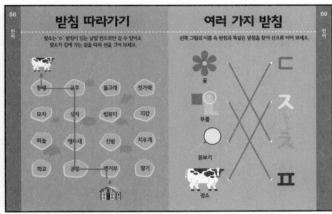

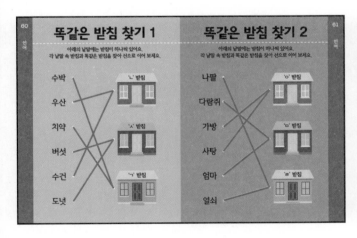

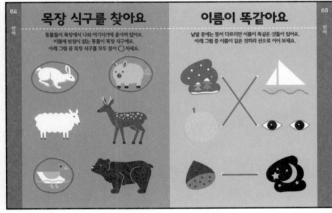

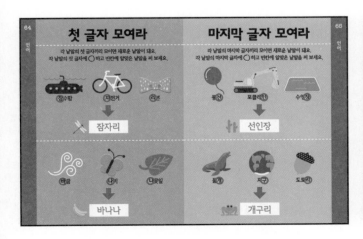

정답

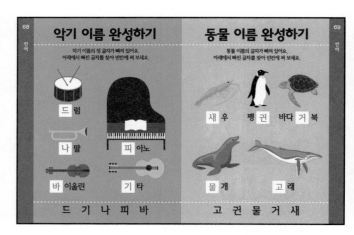

악기 이름 완성하기
악기 이름의 첫 글자가 빠져 있어요.
아래에서 빠진 글자를 찾아 빈칸에 써 보세요.

드 럼
나 팔
바 이올린
피 아노
기 타

드 기 나 피 바

동물 이름 완성하기
동물 이름의 글자가 빠져 있어요.
아래에서 빠진 글자를 찾아 빈칸에 써 보세요.

새 우　펭 권　바다 거 북
물 개　고 래

고 권 물 거 새

음식 이름 완성하기
음식 이름의 글자가 빠져 있어요.
아래에서 빠진 글자를 찾아 빈칸에 써 보세요.

피 자
케 이 크
샌드 위 치
수 박

위 크 피 수

공통 낱말 찾기
아래 그림들 이름에 공통으로 들어가는 한 글자는 무엇인지
빈칸에 써 보세요.

나

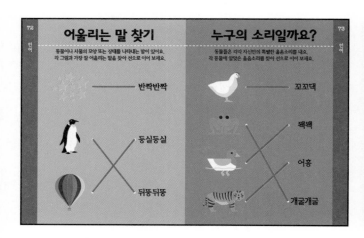

어울리는 말 찾기
동물이나 사물의 모양 또는 상태를 나타내는 말이 있어요.
각 그림과 가장 잘 어울리는 말을 찾아 선으로 이어 보세요.

반짝반짝
둥실둥실
뒤뚱뒤뚱

누구의 소리일까요?
동물들은 각각 자신만의 특별한 울음소리를 내요.
각 동물에 알맞은 울음소리를 찾아 선으로 이어 보세요.

꼬꼬댁
꽥꽥
어흥
개굴개굴

울음소리 찾기
다음 동물들에 알맞은 울음소리를 아래에서 찾아
말풍선 안에 써 보세요.

찍찍　꿀꿀
야옹　멍멍

쥐　돼지
고양이　개

멍멍　찍찍　야옹　꿀꿀

새끼를 찾아요
동물들이 잠깐 외출했어요.
하지만 아기 동물들이 아직 들어오지 않았어요.
각 동물들의 새끼를 가리키는 낱말을 찾아 선으로 이어 보세요.

강아지
병아리
망아지
송아지

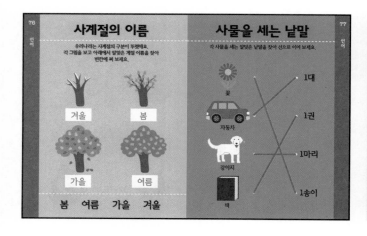

사계절의 이름
우리나라는 사계절의 구분이 뚜렷해요.
각 그림을 보고 아래에서 알맞은 계절 이름을 찾아
빈칸에 써 보세요.

겨울　봄
가을　여름

봄　여름　가을　겨울

사물을 세는 낱말
각 사물을 세는 알맞은 낱말을 찾아 선으로 이어 보세요.

꽃
자동차
강아지
책

1대
1권
1마리
1송이

진짜 이름을 찾아요
시인이는 동물 사진 찍는 걸 좋아해요.
그런데 실수로 사진에 동물들 이름을 잘못 붙였어요.
빈칸에 동물의 진짜 이름을 써 보세요.

가재 펭귄
토끼 기린
기린 토끼
펭귄 가재

여러 가지 운동
친구들이 다양한 운동을 하고 있어요.
아래에서 각 운동에 알맞은 이름을 찾아 빈칸에 써 보세요.

축구　야구　스키
수영　테니스

수영　축구　야구
테니스　스키

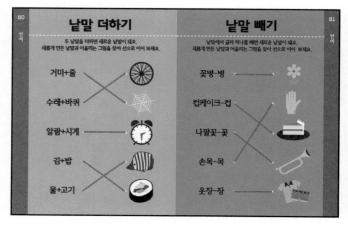

낱말 더하기
두 낱말을 더하면 새로운 낱말이 돼요.
새롭게 만든 낱말과 어울리는 그림을 찾아 선으로 이어 보세요.

거마+줄
수레+바퀴
알람+시계
감+밥
물+고기

낱말 빼기
낱말에서 글자 하나를 빼면 새로운 낱말이 돼요.
새롭게 만든 낱말과 어울리는 그림을 찾아 선으로 이어 보세요.

꽃병-병
컵케이크-컵
나팔꽃-꽃
손목-목
옷장-장

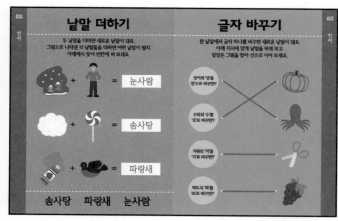

낱말 더하기
두 낱말을 더하면 새로운 낱말이 돼요.
그림으로 나타낸 각 낱말들을 더하면 어떤 낱말이 될지
아래에서 찾아 빈칸에 써 보세요.

+ 　 = 눈사람
+ 　 = 솜사탕
+ 　 = 파랑새

솜사탕　파랑새　눈사람

글자 바꾸기
한 낱말에서 글자 하나를 바꾸면 새로운 낱말이 돼요.
아래 지시에 맞게 낱말을 바꿔 보고
알맞은 그림을 찾아 선으로 이어 보세요.

삼의 '방'을
'콩'으로 바꾸면?
수박의 '수'를
'호'로 바꾸면?
거위의 '거'를
'가'로 바꾸면?
포도의 '포'를
'칼'로 바꾸면?

정답

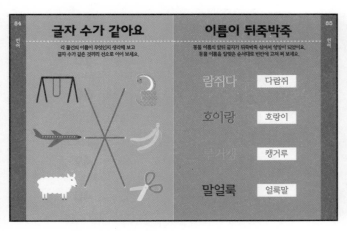

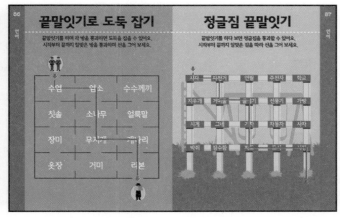

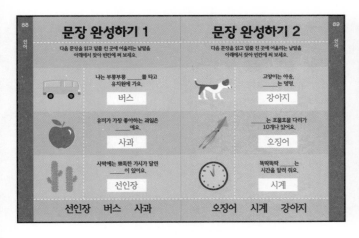

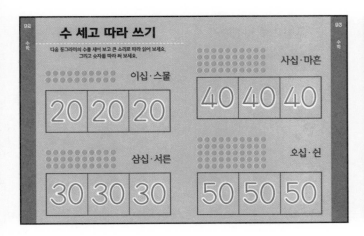

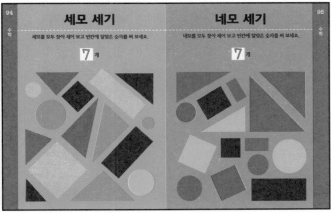

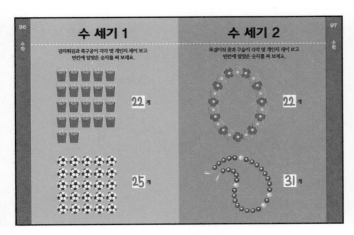

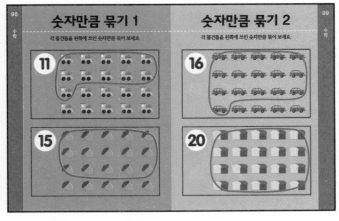

정답

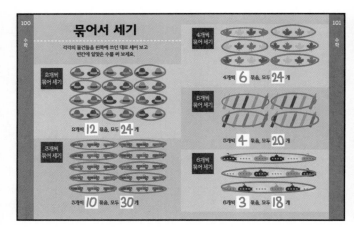

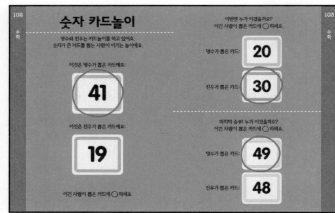

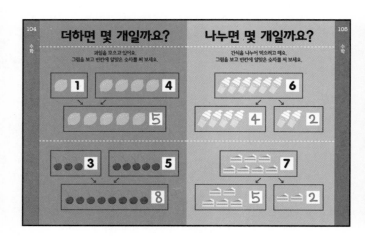

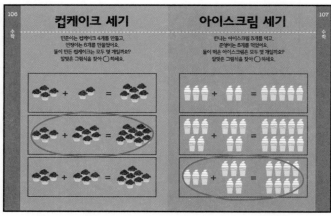

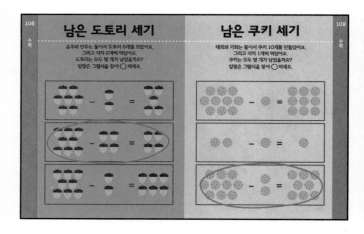

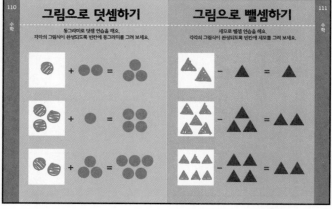

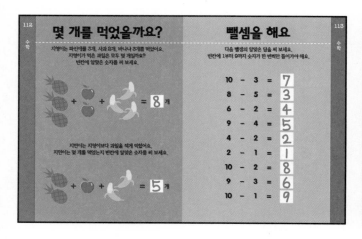

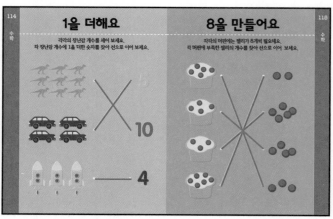

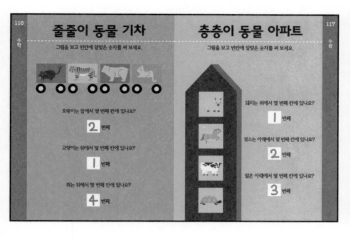

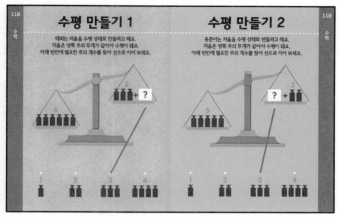

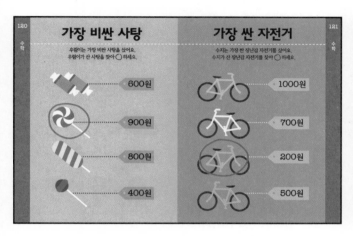

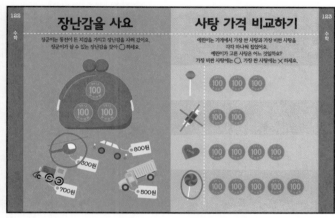

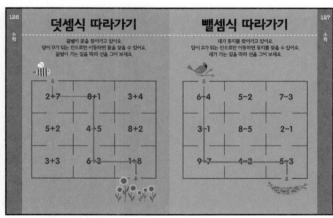

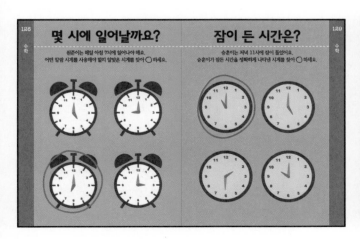

정답

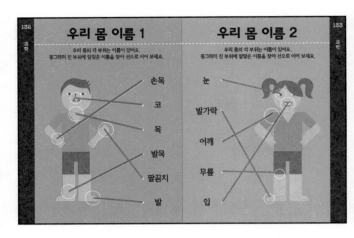

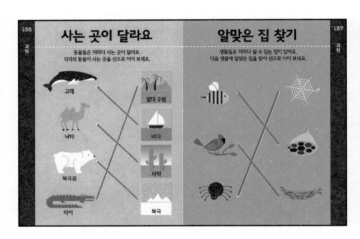

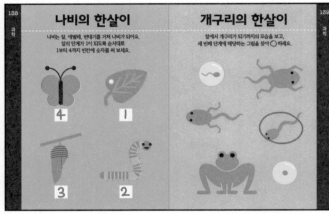

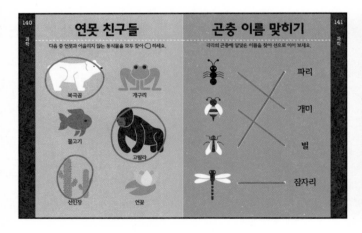

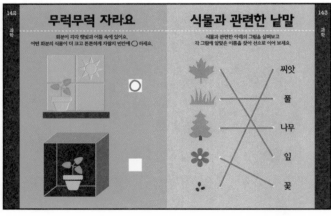

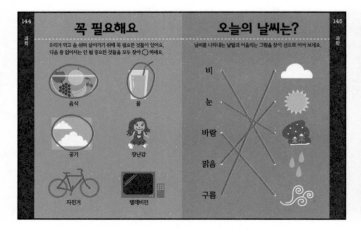

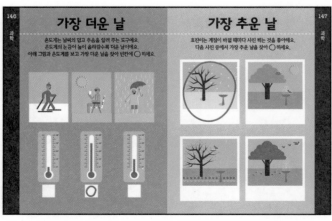

정답

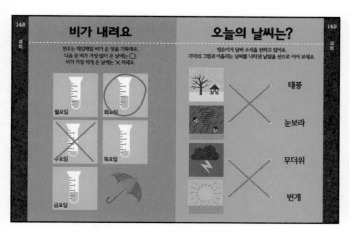

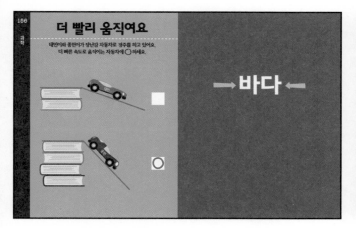

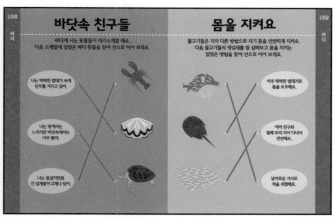

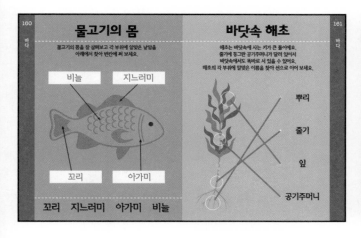

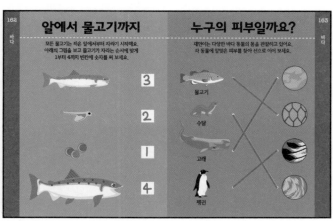

정답

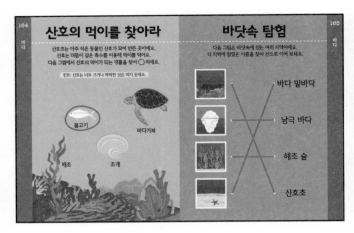

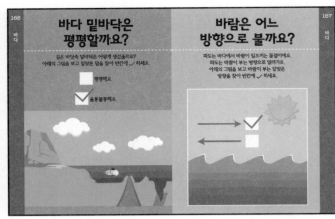

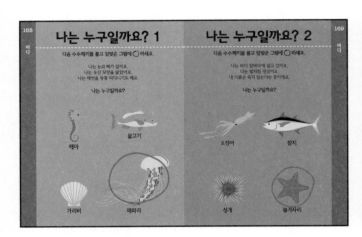

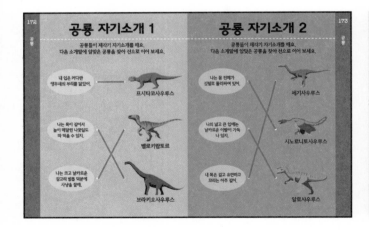

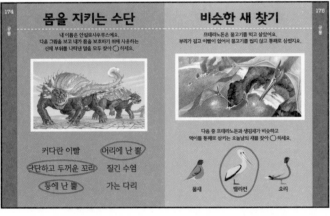

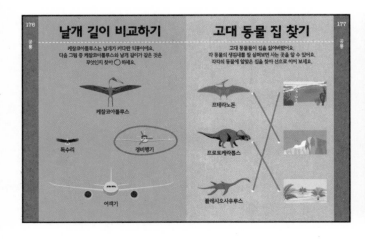

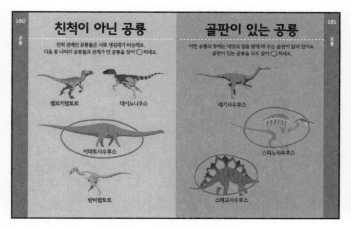

친척이 아닌 공룡
친척 관계인 공룡들은 서로 생김새가 비슷해요.
다음 중 나머지 공룡들과 관계가 먼 공룡을 찾아 ○ 하세요.

벨로키랍토르　데이노니쿠스
아파트사우루스
밤비랍토르

골판이 있는 공룡
어떤 공룡의 등에는 탈것의 짐을 받게 해 주는 골판이 달려 있어요.
골판이 있는 공룡을 모두 찾아 ○ 하세요.

세기사우루스
스피노사우루스
스테고사우루스

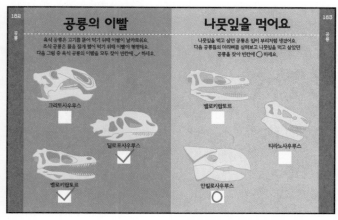

공룡의 이빨
육식 공룡은 고기를 뜯어 먹기 위해 이빨이 날카로워요.
초식 공룡은 풀을 잘게 씹어 먹기 위해 이빨이 평평해요.
다음 그림 중 육식 공룡의 이빨을 모두 찾아 반칸에 ✔ 하세요.

크리토사우루스
딜로포사우루스
벨로키랍토르

나뭇잎을 먹어요
나뭇잎을 먹고 싶던 공룡은 앞이 부리처럼 생겼어요.
다음 공룡들의 머리뼈를 살펴보고 나뭇잎을 먹고 싶었던 공룡을 찾아 빈칸에 ✔ 하세요.

벨로키랍토르
티라노사우루스
안킬로사우루스

이름 속 숨은 의미 1
내 이름은 마이아사우라예요.
다음 그림을 보면 내 이름에 숨어 있는 뜻을 알 수 있어요.
아래에서 마이아사우라의 뜻을 찾아 ○ 하세요.

이빨이 큰 공룡
싸움을 잘하는 공룡
아기를 사랑하는 공룡

이름 속 숨은 의미 2
내 이름은 스테고케라스예요.
다음 그림을 보면 내 이름에 숨어 있는 뜻을 알 수 있어요.
아래에서 스테고케라스의 뜻을 찾아 ○ 하세요.

평평한 머리
뿔 모양의 지붕 머리
짧고 굵은 꼬리

공룡알 찾기
어미 공룡이 알을 잃어버렸어요.
공룡이 있는 칸으로만 이동하면 알을 찾을 수 있어요.
어미 공룡이 알을 찾아가는 길을 따라 선을 그어 보세요.

→ 탈것 ←

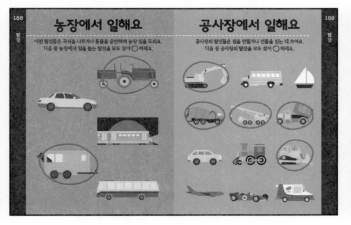

농장에서 일해요
어떤 탈것들은 곡식을 나르거나 동물을 운반하며 농장 일을 도와요.
다음 중 농장에서 일을 돕는 탈것을 모두 찾아 ○ 하세요.

공사장에서 일해요
공사장의 탈것들은 길을 만들거나 건물을 짓는 데 쓰여요.
다음 중 공사장의 탈것을 모두 찾아 ○ 하세요.

연료가 필요한 탈것
다음 중 움직이기 위해 기름과 같은 연료가 필요한 탈것을
모두 찾아 ○ 하세요.

사람의 힘으로 움직여요
다음 중 자연의 힘이나 연료의 도움 없이
사람의 힘으로만 움직이는 탈것을 모두 찾아 ○ 하세요.

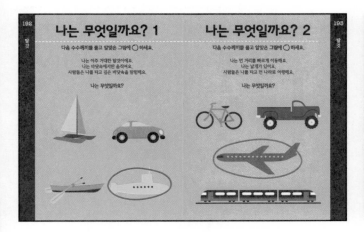

나는 무엇일까요? 1
다음 수수께끼를 듣고 알맞은 그림에 ○ 하세요.

나는 아주 거대한 탈것이에요.
나는 바닷속에서만 움직여요.
사람들은 나를 타고 깊은 바닷속을 탐험해요.

나는 무엇일까요?

나는 무엇일까요? 2
다음 수수께끼를 듣고 알맞은 그림에 ○ 하세요.

나는 먼 거리를 빠르게 이동해요.
나는 날개가 있어요.
사람들은 나를 타고 먼 나라로 여행해요.

나는 무엇일까요?

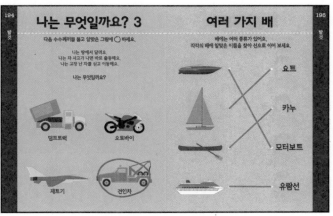

나는 무엇일까요? 3
다음 수수께끼를 듣고 알맞은 그림에 ○ 하세요.

나는 땅 위에 달려요.
나는 자 사고가 나면 바로 출동해요.
나는 고장 난 자를 끌고 안전하게 이동시켜요.

나는 무엇일까요?

덤프트럭　오토바이
제트기　견인차

여러 가지 배
배에는 여러 종류가 있어요.
각각의 배에 알맞은 이름을 찾아 선으로 이어 보세요.

요트
카누
모터보트
유람선

정답

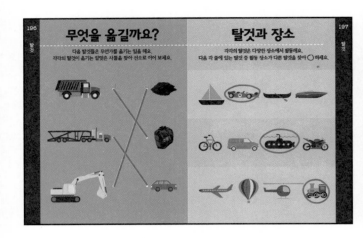

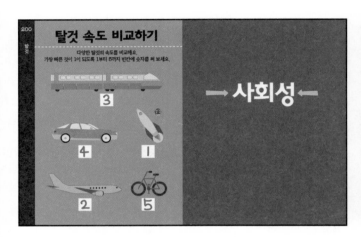

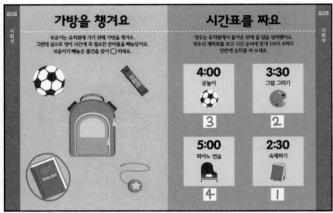

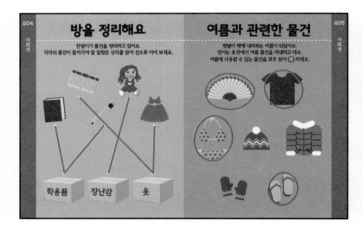

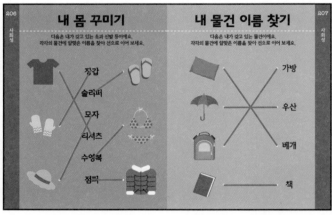

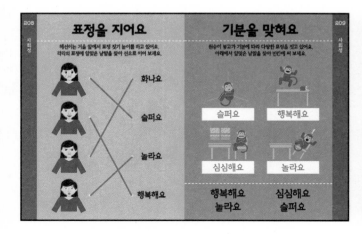

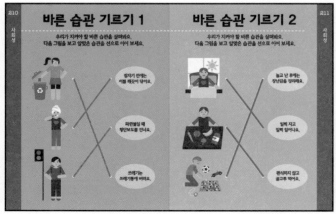

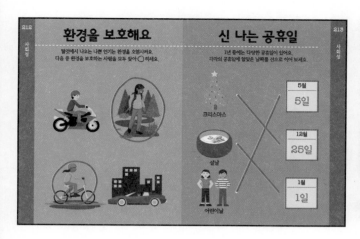

환경을 보호해요

신 나는 공휴일

시간표 정리하기

계획표 정리하기

10:00 책 읽기	12:00 맛있는 점심시간
2	4
9:00 노래 부르기	11:00 그림 그리기
1	3

목요일 생일 파티	월요일 축구
4	1
수요일 야구	화요일 피아노 연습
3	2

친구를 소개해요

내 친구

참 잘했어요

이름 : _ _ _ _ _ _ _ _ _ _ _ _ _ _ _ _ _ _ _

날짜 : _ _ _ _ _ _ _ 년 _ _ _ _ 월 _ _ _ _ 일